엄마의 마음편지

엄마의 마음편지

김경순 지음

만인사

| 책을 펴내며 |

엄마여서 참 좋다

농부였던 아버지는 내가 초등학교에 입학하고부터 약사가 되라고 늘 말씀하셨다. 면소재지 시골 마을에서 약사는 수입이 짭짤해 보이는 직업이라 맏딸인 나에게 권하신 것이다. 약국집 아들과 친한 친구여서 약국을 지나칠 때면 유심히 안을 살펴보았다. 약사인 친구 아버지께서 돋보기 안경을 끼고 박카스와 파스 등을 팔면서 거스름돈을 내주는 모습이 어린 나의 눈에는 문방구 아줌마와 별반 다를 바가 없어 보였다.

나는 중학교 1학년 때 '인간수면제'란 별명을 가진 연세 많으신 국어 선생님 덕분에 국어 교사를 꿈꿨고, 국어 교사가 되었고, 국어 교사를 꿈꾸는 딸을 둔 엄마가 되었다. 간절히 원했던 국어 교사의 꿈을 이룬 지 올해로 24년, 딸의 나이만큼의 세월이 흘렀다.

작년 봄, 한국문화예술위원회 청소년 웹진 〈킥킥〉에 연재 글을 써보면 어떻겠느냐는 담당자의 제안을 받고 잠시 망설이다 쓰겠다고 덜컥 대답하고 말았다. 그것은 임용고사를 준비하는 딸에게 들려주고 싶은 이야기가 너무 많았기 때문이었다. 내 딸만이 아니라 학교의 많은 딸들에게, 또 교사를 꿈꾸는 더 많은 딸들에게 도움이 되는 글을 쓰고 싶다는 욕심으로 수다방을 열었다.

국어 선생은 글을 잘 쓸 것이라는 선입견은 엄청난 심적 부담으로 작용했고, 시사 이슈를 보고 떠오르는 생각을 써다보면 특정 정당과 인물에 대한 호불호가 드러나 읽는 이가 불편하게 느낄 수도 있겠다는 생각도 들었다. 원고 독촉이 빚 독촉보다 더 무섭다고 했던가. 2~3주에 한 편 글을 쓴다는 것은 결코 만만한 일이 아니었다. 하고싶은 말이 많았는데 어떻게 시작해야 할지 몰라 몇 시간을 컴퓨터 앞에 앉아 있기도 하였다. 그러나 잘 써야한다는 부담을 내려놓고 카페에 마주앉아 딸이랑 편하게 이야기한다는 마음으로 글을 쓰니 술술 잘 풀리는 날도 있었다.

2009년부터 세상에 하나밖에 없는 나만의 책쓰기 동아리 운영을 맡아 8년 동안 학생들의 책 쓰기를 도왔었다. 학생 저자들의 결과물을 책으로 엮어 매년 책 축제에 전시했다. 자기의 글이 활자화된 책을 손에 들고 기뻐하는 제자들의 모습을 지켜보며 뿌듯함과 보람도 느꼈다. 그러나 마음 한 편에선 나만의 책이 한 권 없다는 사실이 못내 아쉬움으로 남았다.

웹진 〈킥킥〉에 딸에게 주는 편지 형식의 연재물이 20여 회를 넘겼다. 애면글면하면서 쓴 원고들을 보면서 문득 책을 내고싶다는 생각이 들었다. 지난해 3월, 사대부고로 자리를 옮기고 교지 『군성』 설문조사에 "내 이름으로 된 책을 발간하고 싶다."고 적었다. 책을 낸다는 것은 용기가 필요했으나 무엇보다 세상에 하나밖에 없는 나만의 책을 갖고 싶다는 자신과의 약속을 지키고 싶었다. 더 보탠다면 띠동갑인 딸이 국어 교사의 꿈을 찾아가는 과정에 내가 겪었던 갈등과 혼란을 조금이나마 덜 겪게 하고 싶은 심정에서, 때로는 국어 교사가 되어 현장에 섰을 때를 대비하여 수업에 대한 나의 고민과 실천 사례들을 소개하여 도움을 주고 싶은 마음을 담았다.

나는 세상에 태어나 가장 잘한 일이 두 아이의 엄마가 된 것이라고 생각한다. 사랑하는 아들과 딸에게 엄마라고 불러서 참 좋고 엄마여서 참 좋다. 내 삶에 무한한 에너지원이 되어주는 사랑하는 가족들과 나와 인연 맺은 사람들에게 고마운 마음 담아 『엄마의 마음편지』를 전하고 싶다.

2017년 늦가을

행복한 엄마가 적다

차 례

2부

엄마랑 한 판 붙어 볼래!

3부

달님, 달님! 소원 들어 주세요

4부

누구나 시를 품고 산다

1부

나는
봄비 같은 존재일까?

아이고
남의 일이
아니었구나!

춘래불사춘(春來不似春)!

뉴스나 신문에서 이맘때면 자주 등장하는 문구다.

무엇을 상상해도 그 이상이 되는 놀라운 현실 앞에 극도의 무기력함을 느끼게 하는 지금의 탄핵 정국과도 잘 어울리는 말이라 문득 어원이 어디에서 나왔을까 궁금해지더라. 인터넷에 검색해본 내용을 바탕으로 오늘은 이야기 한 편 들려주기로 시작할게.

한나라 원제는 모연수(毛延壽) 등 궁중의 화공들에게 궁녀들의 초상화를 그려 바치게 했다. 부귀한 집안 출신이나 수도 장안에 후원자가 있는 궁녀들은 화공에게 자신의 모습을 예쁘게 그려 달라고 뇌물을 바쳤으나, 왕소군은 집안이 빈천하여 아는 사람도 없는데다 자신의 용모를 황제에게 속일 마음이 없었으므로 뇌물을 바치지 않았다. 모연수는 뇌물을 바치지 않은 왕소군의 용모를 형편없이 못생기게 그렸다. 그래서 왕소군은 입궁한 지 5년이 흐르도록 황제의 얼굴 조차 볼 수가 없었다.

어느 날 남흉노의 호한야(呼韓邪)가 원제를 알현하기 위해 장안으로 왔다. 크게 기뻐한 원제는 성대하게 연회를 베풀어 호한야를 환대했다. 호한야는 원제에게 황제의 사위가 되고 싶다고 청하였다. 원제는 기꺼이 그의 청을 받아들이고, 공주를 시집보내기 전에 먼저 그에게 한나라 황실의 위엄을 과시하고 싶어 자기 후궁 중에서 아직 총애를 받지 못한 미녀들을 불러와 술을 권하게 했다. 궁녀들이 들어오자 호한야는 그중에서 절세 미인을 발견하고는 즉시 원제에게 공주가 아니어도 좋으니 궁녀 중 한 명과 결혼하고 싶다고 말해 원제는 즉석에서 수락하였다. 잠시 뒤 들어온 아름다운 왕소군의 미모에 원제도 그만 반하고 말았다.

그러나 황제로서 한번 내린 결정을 다시 번복할 수도 없었다. 왕소군의 그림이 본래의 모습과는 너무 다른 것을 발견한 원제는 화가 나 화공을 참형하고 땅을 치고 후회했지만 소용없는 일이었다. 왕소군은 고향을 떠나 흉노 땅에서 그곳 여인들에게 길쌈하는 방법 등을 가르쳤고, 한나라와의 우호적인 관계 유지를 위해 노력하여 그 후 80여 년 동안 흉노와 한의 접전은 없었다고 한다.

당나라 시인 동방규는 시 「소군원(昭君怨)」에서 그녀의 심정을 이렇게 표현했다.

胡地無花草　오랑캐 땅에는 화초가 없어
春來不似春　봄이 와도 봄 같지 않네
自然衣帶緩　저절로 허리띠가 느슨해짐은
非是爲腰身　몸매를 관리해서가 아니라네.

이렇듯 왕소군에 대한 이야기는 후세 사람들의 입에 끊임없이 오르내리면서 시가, 소설, 희곡 등의 각종 문학 양식을 통해서 그 형상이 끊임없이 재창조되었다.

서시, 초선, 양귀비와 더불어 중국의 4대 절세가인으로 손꼽히는 왕소군의 미모도 아름답지만 그녀의 정직한 마음이 더 아름답게 느껴진다. 황제의 총애를 받기 위해 초상화를 그리는 화가에게 뇌물을 주고라도 예쁘게 그려주기를 원하는 무리 속에서 거짓 그림으로 황제를 속이고 싶지 않다는 그녀의 마음 또한 군계일학(群鷄一鶴)이라 할 만하다. 고국을 떠나 고향을 그리워하는 왕소군의 마음이 되어 읽어보면 춘래불사춘(春來不似春)의 의미가 더 생생하게 와 닿는다.

2월 4일 입춘이 지났지만 봄이 봄 같지 않다. 춘래불사춘!

이 말은 요 근래 엄마와 딸의 심정을 가장 잘 표현한 말이기도 하다.

졸업과 동시에 교원임용시험에 합격해 모녀 국어 교사의 꿈을 이루겠다고 입술이 부르트도록 공부하던 딸이 시험에 떨어졌다. 낙타가 바늘구멍 통과하기라는 국가고시에 단박에 합격하리라 큰 기대 않았음에도 내가 이토록 서운한데 딸의 심정은 어떨까? 이 겨울이 더 춥게 느껴질 것이다.

지난 연말 친정엄마가 편찮으셔서 응급실 병간호를 시작으로 아빠의 사무관 승진 탈락, 딸의 임용시험 불합격 소식 뒤에 아들의 입대까지 겹치니 엄마의 마음이 겨울왕국처럼 꽁꽁 얼어붙는다. 24살 딸보다 두 배를 더 살아온 엄마가 딸보다 더 흔들리고 있다.

2017년 1월 9일 강원도 6사단 청성부대 훈련소에 아들을 입소시키고 집으로 돌아올 때는 철원 골짜기에 아들을 버리고 돌아오는 허전함에 눈물만 흘렸다. '아들이 둘이 아니고 한 명이어서 천만다행이다' 이런 일 한 번만 겪으면 된다고 위로했다. 이런 감정 또한 이 땅의 아들 가진 엄마들만이 느낄 수 있는 소중한 감정이라고 합리화해도 마음 속 깊이 파고드는 허전함과 걱정으로 마음이 황량하다. 어쩌다 어른이 된, 종이 멘탈의 엄마라고 자책하며 무기력하고 우울한 날이 이어진다. 눈만 뜨면 철원 최저 기온을 살피게 되고, 눈이 오지는 않는지? 신문 뉴스에서 전해지는 각종 군대에서의 사고 소식에 가슴이 철렁 내려앉으며 살얼음판 디디듯 하루하루를 보내다 보니 어느덧 훈련이 막바지에 접어들었고, 수료식이 2월 중순 코앞으로 다가왔네. 엄마는 지금 우리 아들이 어떤 모습으로 변했을까, 어떤 음식을 준비해갈까 수료식을 기다리며 기대감과 설렘으로 들뜬다.

나만 겪는 듯하던 황량한 이 겨울도 참고 견디다보니 마음에 봄이 오는 소리가 들리네.

사랑하는 딸아~

선후배들과 스터디 모임을 꾸리며 다시 시험 준비하는 너의 모습을 보니 기특하면서도 마음이 짠하다.

봄이 오고 있다. 우리가 봄을 향해 가고 있지만 동시에 봄이 우리를 향해 오고 있다. 딸과 엄마의 마음에도 봄이 오고 있듯이 내 나라 대한민국에게도 봄이 빨리 왔으면 좋겠다.

나는
봄비 같은
존재일까?

사랑하는 딸아!

벚꽃이 팝콘 터지듯 연분홍빛으로 부풀어 오르고, 마음에도 물이 오르는 아름다운 계절이다.

겨우내 무기력의 늪에서 빠져 나오지 못하던 엄마가 본의 아니게 상황 논리에 떠밀려 대학교 학과 총동문회장을 맡게 되었다.

지난 3월 30일 신입생 환영회 행사가 있으니 참석하여 인사말을 해달라는 학회장의 부탁을 받고 오랜만에 모교를 방문했다. 삼삼오오 무리지어 캠퍼스를 걸어 다니는 대학생들의 가벼운 옷차림과 밝은 표정에서 한창 물오른 청춘의 싱그러움과 열기가 느껴져 덩달아 설레고 들떴다.

상투적이고 의례적인 인사말이 아니라 짧지만 여운이 있는 말을 들려주고 싶어 고민하다 28년 전 신입생 환영회 때 찍은 낡은 사진 2장을 화면에 띄워 이목을 집중시킨 후 안도현 시인의 「봄비」를 낭송했다.

봄비는
왕벚나무 가지에 자꾸 입을 갖다 댄다.
왕벚나무 가지 속에 숨은
꽃망울을 빨아내려고

벚꽃이 한창 꽃망울을 터트리는 계절과도 잘 어울리는 시여서 이맘때면 자주 읊조리는 시다. 신입생을 한 그루의 왕벚나무에 비유하고, 교수님들을 봄비에 비유하여 훌륭한 국어 교사를 키워내기 위해 애쓰시는 학과 교수님들의 정성과 열정에 고마움을 표했다. 봄비의 자극만으로 꽃이 피지 않는다고, 왕벚나무 내부에서 꽃을 피우겠다는 소망과 의지가 더해질 때 꽃은 더 빨리 예쁜 꽃을 피울 수 있다. 총동문회는 옆에서 훈풍을 불어넣는 역할을 하겠다고 신임 동문회장으로서의 포부도 밝혔다. 그리고 졸업 후 여러분들이 또 누군가의 봄비가 되어 왕벚나무의 꽃망울을 빨아내는 역할을 했으면 좋겠다며 인사말을 마무리했다.

"나는 오늘 누구에게 봄비 같은 존재일까?"라는 물음으로 여운을 남기며!

신입생 한 명씩 호명되어 무대 위에 오르면 재학생들이 장미꽃을 건네 축하한 후, 자신만의 색깔로 새내기의 다짐과 포부를 말하는 순서다.

잠시 후, 무대 위에 오른 여학생 한 명이 내 쪽을 바라보더니 "선생님~ 저 ○○이에요." 놀라 쳐다보니 2015년 2학년 담임을 맡았던 아이다. 얼마 전, 전임학교 선생님에게 우리 반 아이들의 진학 상황을 들었을 때 서울권 대학교 국문과에 합격했다고 전해 들었던 아이였다.

○○이는 마이크를 잡고 자신이 서울권 국문과에도 합격을 했었는데 저기 앉아있는 총동문회장님이 일 년 만에 학교를 옮기면서 마지막에 했던 말 때문에 진로를 바꾸어 사범대학 국어교육과에 진학했다고 말했다. 학년말 담임과의 마무리 시간에 아이들을 안아주며 한 마디씩 건넨 것은 기억나는데 내가 어떤 말을 했지? 기억을 더듬어 봐도 생각나지 않았다.

"○○이는 국어 과목을 좋아하고, 너그러운 품성과 성실함이 장점이니까 국어 교사가 된다면 좋은 에너지를 학생들에게 나눠주는 참 멋진 선생님이 될 거야."라는 말이라고 소개한다. 덧붙여 일 년 동안 선생님이 진행한 문학 수업 방식이 참 독특해서 국어 교사가 더 되고 싶었다고 한다.

문학교과서 진도를 나가지 않고 주당 1~2시간에 수행평가를 전담하여 1인 1책쓰기, 좋은 시 읽고 쓰기, 자신이 읽은 책 중에서 가장 기억에 남는 책 추천하기, 시사 이슈가 된 주제에 대해 자신의 생각 적기 등 학생 활동 중심으로 진행한 수업이 인상적으로 남았었나보다.

예상치 못한 상황에서 만난 제자가 그저 대견하고 고마워 무대 위로 올라가 안아주었다. 감동적인 장면이라며 모두 큰 박수를 쳐주는데 자리로 돌아와 앉으니 한편으론 한없이 기쁘고, 한편으론 마음이 무거워진다.

교사가 건네는 말 한 마디의 영향력을 누구보다 잘 알고 있는 내가, 나로 인해 국어 교사의 길을 걷겠다는 제자를 다섯 명만 만든다면 성공한 삶이라고 입버릇처럼 말해왔음에도 마냥 기쁘지만은 않은 것은 지금도 임용고사를 준비 중인 딸의 모습과 겹쳤기 때문이다.

그래도…… 사랑하는 나의 딸과 제자가 왕벚나무 가지 속에 숨은 꽃망울을 빨아내주는 봄비 같은 교사가 되길 응원한다.

오늘도 봄비가 촉촉하게 내린다.

내가
그의 이름을
불러주기 전에는

반갑다
하지만 어색하다

친하다
하지만 부끄럽다.

—김○○ 「3월의 역설」

3월을 맞는 마음을 표현한 2학년 학생의 시다. 긴 겨울 방학동안 만나지 못했던 친구들을 보니 반가우면서도 새 학급의 구성원이 어색하고 부끄럽다 표현했다.

3월은 교사에게도 여러모로 어색하고 부끄러운 달이다.

올해는 2학년 문과 여학생 반 담임을 맡아 42명의 딸이 생겼다. 개학날 아침, 아이들은 1학년 때 같은 반이었던 친구들도 있고 새로 만난 친구라도 이름 정도는 알고 있어서인지 크게 어색해하지 않고 반갑게 인사를 나눈다. 담임인 나만 이방인이 되어 그들 속으로 들어가는 기분이다. 어색하고 부끄럽다.

3월이면 내가 더 긴장하고 힘겹게 느끼는 것은 학생들의 이름이 잘 외워지지 않기 때문이다. 나이가 들수록 건망증이 심한 데다 새로 부임한 교사들도 많아 외워야 할 동료들의 이름이 많고, 여학생들의 이름은 왜 이리도 비슷한지, 특징을 잡아 이름과 연관시켜 보려고 노력하지만 맘처럼 쉽지 않다. 아이들 이름이 제대로 입력되지 않아 3월 한 달은 만나는 아이마다 "어이, 예쁜아!"라고 부른다. 눈 마주치는 아이들은 모두 예쁜이다. 그리고 솔직히 말한다. 선생님이 이름을 기억 못하는 불치병에 걸렸으니 몇 번이고 너의 이름을 나에게 말해달라고.

'이름 부르기'는 나의 첫 수업 시간의 주요 활동이다. 문학 교과 수업으로 들어가는 학급 아이들의 이름을 부르는 것은 아예 욕심내지 않는다. 대신 글쓰기 공책의 이름 붙이기 활동부터 시작한다.

첫 시간 A4 크기의 글쓰기 공책을 마련하게 하여 첫 페이지에 공책의 이름을 짓고 그렇게 지은 이유를 다섯 줄 이상 적게 한다. 자신의 관심사, 보물 1호, 좋아하는 것, 가장 의미 있게 생각하는 가치에 대해 생각해 보고 이름 붙이게 하면 별별 희한한 이름이

문학 공책 이름 붙이기

다 나온다. 다양한 이름만큼 이름 붙인 이유도 천차만별이다. "새우깡"이라고 공책 이름을 짓고 과자 봉지를 오려 붙이고 "손이 가요 손이 가 새우깡에 손이 가요" 노래가사처럼 문학 공책에 자주 손이 가도록 하겠다는 다짐을 적는다.

두 번째 시간에는 친구들과 마음 열기 시간으로 자기를 노출하는 시간이다. 그냥 자기 소개하라고 하면 천편일률적으로 "1학년 ○반에서 온 ○○○이다. 일 년 동안 잘 지냈으면 좋겠다."로 끝난다. A4 공책의 왼쪽 페이지에 "내 인생의 10대 뉴스"를 찾게 한다. 열여덟 삶 속에서 가장 기억에 남는 10 가지 큰 추억을 찾고 부연 설명하게 한다. 1번은 모든 학생이 "잉태와 출생"이라고 적고, 부모님의 자녀로 잉태되는 순간 또는 출생의 과정에서 가족들에게 자신이 어떤 존재였는지 보고 들은 것을 적는다. 간혹 딸을 몹시 바랐는데 아들이 태어나 실망해 엄마가 우셨다고 발표하는 학생이 있어 격세지감을 느낀다.

십 팔년 동안 살아온 삶 중에서 즐겁고 기뻤던 일, 슬프고 아팠던 일, 속상했던 일을 떠올려 보며 그것이 언제, 어느 시기에 있었던 추억인지 시간적 순서에 따라 적어보라고 하면 정작 중요한 뒷부분은 귀담아 듣지 않고 "십 팔년"에 악센트를 주어 선생님이 자기들한테 욕했다고 하면서 웃음바다를 만든다.

그리고 A4 공책의 오른쪽 페이지에는 "내 인생의 아리랑 곡선"을 그리게 한다. X축은 나이, Y축은 감정을 드러내는 실선을 그은 후 내가 뽑은 10대 뉴스에 해당하는 시기의 사건과 감정을 떠올려 점을 찍게 한 후 점과 점을 연결하면 내 인생의 아리랑 곡선이 된다. 인생의 희로애락이 느껴지는 아리랑 곡선을 보며 한 번 내려간 것은 다시 올라오게 되어 있고, 올라간 것은 다시 내려가게 되어 있다. 이것이 우리 인생이야라고 말하면 아이들이 우와!하며 박수를 친다. 그냥 근사한 말이란다.

이 활동이 끝나면 네 명이 모둠을 만들어 친구들에게 10대 뉴

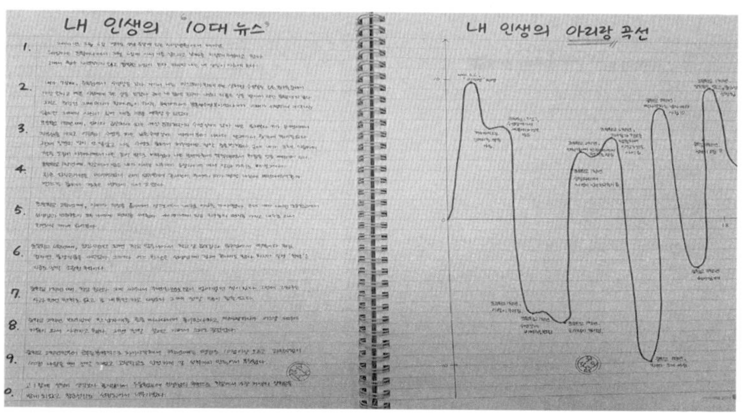

나를 소개할게

스와 아리랑 곡선을 보여주고 자기소개를 해 보라고 하면 활발하게 이야기판이 펼쳐진다. 모둠 내에서 가장 인상 깊은 내용을 적은 친구를 한 명씩 선정하여 모둠별로 발표하면 한 시간이 어떻게 지나가는지 모르게 지나간다. 그 과정에서 학생들의 이름을 외워 보려고 애를 쓴다. 특징적인 사건이 있는 아이라면 훨씬 더 이름이 잘 입력된다.

이름을 불러주어야 몸짓이었던 존재가 꽃이 된다는데 3월은 나에게 학생들의 이름을 외우기 위해 몸부림쳐야 하는, 설레면서도 괴로운 시간이다.

화엄사
오색 연등을
바라보다

2016년 5월 둘째 주말은 석가탄신일과 스승의 날이 있는 연휴라 어디로 가볼까 고민하던 중 이모가 우연히 국립공원 홈페이지에서 지리산 생태탐방연수원 1박 2일 프로그램을 보고 신청하게 되었어.

이모네는 먼저 출발하여 체험 활동에 참여하고, 우리는 부처님 오신 날을 맞아 평소 다니던 절에 가서 행사에 참여한 후 점심을 먹고 오후 늦게 합류하기로 했다. 이모와 사촌동생들은 반달가슴곰생태학습장에서 반달가슴곰을 보고 천연비누 만들기 체험, 가족 이름표 만들기 활동을 했다고 사진을 찍어 보내주었지. 클로버 잎을 활용해 가족들이 개성 있는 이름표를 만들고, 함께 천연비누를 만들면서 행복해하는 사진 속 조카들의 표정을 보니 이제 대학생이 되어 내 품을 떠나버린 너희들에게 이런 경험도 주지 못했는데 하는 아쉬움이 일어나더라.

깨끗한 원목으로 된 숙소 정경과 큰 창을 통해 들어오는 신록의 느티나무 사진을 보는 순간 마음은 벌써 지리산에 가 있는 듯 대구에서 두 시간을 쉬지 않고 달려 화엄사 입구에 도착했다. 화엄사 입구부터 가로수엔 색색의 연등이 주렁주렁 매달려 신록 속에 꽃이 핀 듯 아름다웠고, 한 무리의 사람들이 다녀간 뒤 오후의 화엄사 풍경은 생각보다 한적한 느낌이었다. 숙소에 들르기 전 해가 있을 때 화엄사의 풍경이 보고 싶어 주차장에 차를 대고 아들과 손잡고 천천히 걸어 올라가니 산으로 빙 둘러 처진 절집에서 안온한 기운이 느껴진다.

절 마당 오른편 석탑에는 세월호 희생자를 기리는 노오란 연등과 리본이 둘러 처져 있고 노란 현수막에 새겨진 글귀가 읽는 이의 마음을 아리게 한다. "꽃처럼 예쁜 아이들이 꽃처럼" 문구처럼 한창 예쁜 아이들이 수학여행 가다 꽃처럼 스러져간 가슴 아픈 일이 일어난 지 벌써 2년이 지났다. 부디 다음 생에서는 꽃처럼 환하게 피어나길 마음으로 빌며 각황전 앞 돌계단을 올랐다.

한 계단 한 계단 오를수록 모습을 드러내는 각황전의 위용과 마당 한 가운데 위치한 석등이 눈길을 사로잡는다. 밖에서 보면 이층으로 보이는 건물이지만 안은 트여있는 각황전의 웅장함에 기가 눌리는 것도 잠시, 알록달록 단청으로 화려하게 꾸민 절집이 아니라 나무의 결과 색이 그대로 드러나는 전각을 보니 마음이 편안해진다. 요란하게 화장한 풋풋한 여인이 아니라 화장을 지우고 민낯을 드러내어 주름살조차 아름답게 느껴지는 할머니의 모습이 연상되더라. 여기저기 구멍이 뚫리고 나무의 결들이 벌어진 모습들을 보면서 세월의 흔적을 간직한 채 곱게 늙어가는 이 건축물의 낯선 이름을 국사시간에 빨간 줄 그어가며 외웠던 이유를 알 것 같다.

각황전에 밀려 조금은 주목을 받지 못하는 대웅전 앞마당엔 알록달록 연등들이 주렁주렁 매달려 관광객들의 카메라 플래시를 받고 있었다. 중년의 부인 여럿이 셀카를 찍으며 하하호호 웃고 있고, 다정한 노부부도 어색하게 손을 잡고 연등을 배경삼아 사진을 찍고 있다. 평소 같으면 절집 마당에서 큰 소리로 웃고 떠들면 안된다 싶어 그런 사람들을 보면 눈살을 찌푸렸는데, 오늘은 부처님 생신이니 흥겹고 즐거운 날 함께 웃고 즐겨도 좋겠다 싶다. 그 때 누군가 내 이름을 부르는 소리에 놀라 돌아보니 대학동창이 남편과 함께 서 있었다. 석가탄신일에 삼사순례중이라고 실상사를 거쳐 화엄사에 왔다는 친구랑 반갑게 인사 나누고 모과차 한 잔을 들고 절집 툇마루에 앉아 저물어가는 해를 보면서 정담을 나눴다. 20살에 만나 각자 사는 게 바빠 소식 모른 채 살다가 올 초 지도

교수님의 정년퇴임식 준비로 소식이 닿아 그 이후 함께 친구들과 등산도 했는데 오늘 여기서 또 만나다니! 구태여 애쓰지 않아도 만나야 할 사람은 만나지는구나 싶어 더 반가웠고, 오가는 길에 인연 깊어 만나지는 이 순간, 이 사람에게 더 정성을 다해야겠다는 작은 깨달음도 얻었다. 천지간 애쓰지 않아도 올 것은 오고 갈 것은 기어이 간다고 생각하니 일에서도, 사람에게서도 조금 더 여유를 가져야겠다는 반성의 마음도 든다.

저녁이 준비됐다고 언제 도착하느냐는 이모의 채근을 받고 친구랑 헤어져 지리산 생태탐방연수원으로 도착하니 도회적인 느낌의 건축물이 참 아름다웠다. 특히 눈길을 끄는 언덕 바로 밑의 한옥 두 채는 보는 사람의 발길을 잡아끌었다. 저녁밥보다 한옥을 보고 싶어 건물 뒤쪽으로 올라갔더니 생태탐방연수원 옥상에 누군가의 손길로 작은 텃밭이 가꿔져 있었다. 몇 가지 종류의 채소들이 싱싱하게 자라 있는 것을 보며 콘크리트 건물이지만 생명을 품어 키우는 생명력이 느껴졌다. 하룻밤 이 한옥에서 머물고 싶은 욕심에 담당자에게 전화를 걸어 물어보니 이곳은 일반인에게는 대여하지 않는다고 한다.

가족실에 도착하니 원목 느낌의 널찍한 거실과 방이 있고 이모가 찍어 보내준 사진처럼 통유리를 통해 느티나무의 신록이 방안으로 쑥 들어와 있어 저절로 "우와! 멋지다!" 소리를 내게 한다. 저녁을 먹고 연등에 불 켜진 모습을 구경하러 다시 화엄사를 찾았다. 때마침 탑돌이가 시작되어 조카들과 함께 우리도 석가모니불을 외치며 탑돌이에 동참했다. 세 바퀴쯤 돌고 각황전 마당에서 부처님 오신 날의 행사를 끝마친다는 주지 스님의 인사말이 끝나자 연등에 불이 켜지기 시작했다. 5월 초저녁 어슴푸레한 초저녁 하늘빛과 산빛, 불 켜진 오색 연등의 색깔이 어쩌면 이토록 아름다운지! 카메라에 담아도, 그림을 그려도 이 아름다운 천연의 색감을 담아내지는 못할 것 같다. 여동생 가족들과 대웅전 마당 섬돌에 올라앉아 오래도록 이 풍경을 즐기다 내려왔다.

이 아름다운 계절에 이 멋진 풍광을 만난 것도 인연이 닿아서겠지 생각하며 밤새 물소리가 꿈속을 찾아오는 행복한 경험을 하였단다.

여행은
위대한 스승!

다음 날 아침 일찍, 잠든 조카들만 두고 어른들끼리 화엄사의 아침 풍경을 즐기러 갔다. 엊그제 내린 비로 계곡엔 제법 맑은 물이 하얀 포말을 일으키며 흘러가고, 신록의 자연은 절정의 아름다움을 선사하고 있다. 어젯밤의 시끌벅적함이 사라진 아침의 화엄사는 고요하다. 대웅전 뒤 쪽문을 지나니 구층암 가는 길이라는 작은 표지판이 눈에 띄어 그 길로 접어들었다. 낮은 대나무 숲길이 100여 미터 펼쳐지는데 이 길은 묵언하며 지나가라고 적혀 있었으나, 하지 말라하면 더 하고 싶은 것처럼 몇 마디 건네지 않았는데 어느새 구층암에 도착했다.

제일 먼저 나의 눈길을 사로잡은 것은 마당 왼쪽에 자리잡은 삼층 석탑이었다. 기단을 제외한 상층부의 가장자리는 거의 떨어져 나갔으며, 특이하게도 탑의 방향이 절집과 평행을 이루지 않고 어긋나게 서 있었다. 마당을 돌아 들어가니 구층암 요사채를 떠받치고 있는 나무 기둥이 특이했다. 매끈하게 다듬은 나무 기둥이 아니라 생긴 모양 그대로 울퉁불퉁한 모과나무라고 한다. 200여 년쯤 된 모과나무 두 그루가 죽어서도 구층암을 떠받치고 있는 거룩한 모습 옆에 살아 있는 모과나무 두 그루가 마당을 지키고 서 있는 모습이 묘하게 잘 어울린다.

모과나무 기둥을 만지며 툇마루에 앉아 있으니 방 안에서 차담 나누는 소리가 들린다. 절복을 입은 파란 눈의 외국인들도 보여 우리 일행도 용기를 내어 방문을 두드렸다. 차 한 잔 얻어먹을 수 있냐는 우리에게 스님은 온화한 웃음을 건네며 방금 우린 따뜻한 야생차를 따라 주셨다. 빈속에 차를 들이키는 데도 부대끼지 않고 은은한 차향이 참 좋았다. 서너 잔을 마신 후에야 스님께서 말씀을 건네신다. 자매와 동서들이 함께 여행을 왔다고 하니 부모님께서 참 복 많으신 분이라고 덕담을 건네시더니 아이들을 키울 때 타고난 본성을 발현할 기회를 주면서 키우라고 말씀하신다. 우리나라 교육이 아이들을 너무 어릴 때부터 어린이집과 학원으로 내돌리면서 부모 품을 일찍 떠나는 게 문제라고 화두를 꺼내셨다. 부모가 옆에서 지켜보면서 아이의 타고난 본성을 발현할 기회를 주며 마음껏 뛰놀게 하다가 모가 난 부분은 부드럽게 다듬어줘야 한다고 말씀하신다. 지식 교육에 매몰되어 인성 교육을 등한시하며 모든 것을 학교에만 떠맡기고 가정교육이 실종된 것이 안타깝다고 말씀하시는데 구구절절 옳은 말이더라.

구층암 입구에서부터 궁금했던 탑과 요사채의 방향이 평행이 되지 않는 것에 대해 여쭤보니 원래 있던 요사채가 불타 중건하면서 탑의 방향을 무시하고 지어서 그렇다고 하신다. 꼭 평행이 되어야 할 이유도 없고 약간 어긋나게 자리잡은 탑과 절집의 모습도 꽤 운치 있게 잘 어울려 보인다고 생각하며 힐링 로드를 따라 내려왔다.

아침 산책을 마치고 숙소로 돌아와 아침을 먹고 구례 운조루와 곡전재 고택을 탐방했다. 운조루에 도착하니 뒤로 지리산 자락을 병풍 삼고 앞으로 너른 들판을 바라보는 집의 위치가 문외한의 눈에도 명당처럼 보였다. 입구에 인공으로 판 연못이 있고 연못 중간에는 소나무 한 그루가 고고하게 서 있다. 연꽃이 사라지고 잎만 덮인 연못을 보면서 연꽃 필 무렵에 찾아와도 참 좋겠다는 생각을 했다. 집 앞으로 흐르는 개울 옆으로 수국이 흐드러지게 피어 있고, 오래된 선인장이 개울물을 향해 몸을 숙이고 있었다.

솟을대문 아래 평상에서 행동이 어눌해 보이는 중년의 남자가 앉아 입장료를 받고 있었다. 성인과 청소년의 입장료가 달라 계산이 잘 되지 않는 듯 당황하는 모습이 역력했다. 인원수에 맞게 입장료를 계산하고 마당 안으로 두 발자국쯤 들였을 때 마당 한 가운데를 가로지르며 개량한복을 입은 할머니 한 분이 빠른 걸음으로 다가오며 입장료를 냈느냐고 물어 오신다. 냈노라 하니 누구한테 냈느냐면서 따지듯이 묻는다. 할머니의 지친 음색과 퉁명스런 말투를 들으며 기분이 살짝 나빠져 돌아보니 이 집과 관련 있는 사람인 듯하다. 얼마 남지 않은 흰 머리를 비녀로 쪽을 지었으나 힘없는 머리칼은 아무렇게나 빠져나와 있고, 무표정하게 주름진 얼굴, 소매를 걷어 붙인 모습에서 고달픈 삶의 흔적이 느껴졌다. 저 분이 이 집안의 안주인이라면 조금 더 품격을 갖추면 좋겠다는 생각이 드는 건 나의 욕심일까? 천원의 입장료를 내고 들어왔는지 혹시 덜 내지는 않았는지 확인하며 부산스럽게 걸어다니는 모습에 짠한 마음이 일어나는 건 나의 지나친 생각일까? 이제 할머니에게서 시선을 거두고 운조루에 집중해야겠다.

운조루는 99칸 건물로 지어졌으나 현재는 70여 칸 정도 남아 있어 조선 후기 양반가옥의 형태를 잘 보여주는 건축물로 유명하지만 무엇보다도 호남지역에서 보기 힘든 건축 양식으로 지어져 더 주목을 끈다고 한다. 경상도 추운 지방에서 흔히 볼 수 있는 건물 배치 양식인 ㅁ자 형태를 취하고 있는데 이것은 이 집을 지은 사람이 경상도 출신의 무관이기 때문이란다.

문득 며칠 전 본 뉴스가 생각난다. 대구와 광주를 잇는 88고속도로의 확장 개통에 따라 새 이름을 부여하면서도 달구벌의 달과 빛고을의 빛을 따서 달빛 고속도로로 하자 했다가, 광주—대구 고속도로로 결정되면서 또 다른 측에서는 이를 줄여 광대 고속도로라 별칭으로 부르면서 양 지역이 신경전을 벌인다는 기사를 본 것 같다. 경상도의 무관이 설계한 전라도 양반의 집, 운조루! 영호남 지역간의 화합과 조화의 상징으로도 의미 있게 활용할 수 있는 콘텐츠인 듯하다.

마당 안으로 들어서니 돌을 쌓아 만든 석축과 소담스럽게 가꾼 화단 사이의 돌계단, 투박한 기둥과 낡은 툇마루, 하얀 벽과 조화를 이룬 정갈한 문창살의 사랑채가 눈길을 사로잡는다. 운조루에 사용된 나무들은 반듯하게 다듬지 않고 생긴 모양 그대로 본성을 살려 기둥이 되고, 벽면을 가로지르고, 툇마루가 되고, 문살이 되어 자연스러운 멋이 느껴졌다. 나무의 본성을 잘 살려 쓴 선조들의 지혜가 새삼 놀랍다.

운조루의 고택에서 가장 기억에 남는 것은 배려하는 마음이다. 밥 짓는 연기가 밖으로 새어나가지 않도록 굴뚝을 낮게 하고, 통나무의 속을 파내고 아래쪽에 쌀 나오는 구멍을 만든 뒤 타인능해(他人能解)라 이름 붙여진 나무독에서 가난한 이웃을 배려하는 집주인의 마음이 느껴진다. 쌀이 필요한 사람은 누구든지 주인의 얼굴을 대하지 않고 쌀을 가져 갈 수 있도록 나무 독을 집 입구에 배치해 둔 것을 보며 나눔을 실천한 운조루 주인이 오늘날 자신의 집을 보기 위해 입장료를 내는 것을 어떻게 생각할까 하는 마음이 문득 들었다. 어찌 됐거나 이 큰 고택을 관리하고 정비하려면 돈이 필요하다는 것을 인정하지만, 타인능해 독과 입장료 천원 사이에는 무언가 연결되지 않는 정서적 괴리감이 있다고 느껴진다.

타인능해 독을 통해 전체 소출의 20%를 가난한 이웃들을 위해 베푸는 용도로 사용한 덕분에 조선후기 숱한 민란과 동학농민운동, 6·25전쟁 등 질곡의 근현대사 격변기에도 이 집이 온전하게 보존될 수 있었을 것이다. 타인을 위한 배려심은 자신들의 가족에게도 적용되어 여성의 공간인 안채에 바깥 경치를 볼 수 있도록 다락방을 설치하여 바깥출입이 자유롭지 못한 안사람들의 답답함을 해소하도록 배려해 준 부분도 눈 여겨 보게 한다.

운조루를 나와 들판 한 가운데 위치한 명품 고택 곡전재에 들렀다. 동그란 모양으로 성벽처럼 높게 쌓은 돌담에 담쟁이가 둘러 처진 곡전재는 바깥에서 볼 때는 아무도 집안으로 들이고 싶지 않은 마음이 반영된 요새처럼 느껴져 불편한 마음이 들었다. 높은 솟을 대문 위에는 다락이 설치되어 있어 위에서 아래를 내려다보도록 만든 대문간도 고압적인 느낌이었다.

대문 입구 입장료가 없으니 정성껏 불우이웃돕기 성금으로 천원씩만 봉사해 달라는 문구의 함이 놓여있어 운조루와 다르네 하며 집안에 들어서는 순간 '우와' 탄성이 나왔다. 고압적인 담장, 대문과 달리 건물들은 나지막하니 아담했고, 앞마당에 굽이굽이 물줄기가 흐르도록 만들어 아기자기한 수석과 꽃들이 조화를 이루어 환상적인 풍경이 펼쳐졌다. 잘 정돈된 정원에 관람 방향까지 안내되어 오른쪽으로 돌아드니 인공연못이 있어 툇마루에 앉아 금붕어 먹이를 주기도 하고, 뒤뜰의 대나무 숲길에는 여기저기 솟아난 죽순도 보이고 푸른 대나무에서 맑은 바람 소리가 날 것 같다.

집안 가득 자연을 들여놓은 집을 보면서 주인이 어떤 사람일까 궁금해졌다. 뒤뜰의 장독대는 반질반질 잘 닦인 장독을 둘러싼 담장과 그 위에 올린 기와가 또 하나의 집을 보는 듯하다. 그 앞에서 솔잎 효소를 담고 있는 중년의 안주인이 보여 말참견하며 이야기를 나눴다. 안채 앞마당에는 각종 산나물을 삶아 종류별로 평상에 말리고 있고, 여기 저기 잘 가꿔진 화초들을 보면서 부지런한 안주인의 살뜰한 살림 솜씨가 느껴졌다. 안채에서 밖으로 나오는 대문간에 여러 가지 옛 물건을 전시, 판매하길래 소금 단지로 썼던 단지와 장식용 소품 하나가 눈에 들어와 주인을 불렀다. 중년의 바깥주인이 나오더니 여기는 무인판매하니 그냥 돈통에 돈을 넣으면 된다고 하신다. 순간 제대로 가격을 넣지 않고 물건을 가져갈 수도 있지 않나?하는 생각이 들었다. 거스름돈을 돌려받아야 하는 상황이라고 말씀드렸더니 돈통을 열어주면서 돈은 우리 더러 직접 넣고 거스름돈도 우리가 챙겨가라고 하셨다. 의아해하는 우리에게 살아생전 자신의 어머니께서 무인판매대에서 나오는 수익금으로 1년에 약 4백만원 어치의 쌀을 사서 어려운 이웃들을 도와주는 용도로 썼단다. 유언처럼 일체 돈을 만지지 말라고 하셨단다. 견물생심! 돈을 만지면 욕심이 생긴다고, 그 이야기를 듣는데 정말 가슴속이 환해졌다. 사람의 양심을 믿고 무인판매하고, 그 수익금으로 다른 사람을 돕는 마음! 방금 전 불순한 생각을 한 나 자신이 부끄러워질 만큼 마음까지 부자로 사셨던 곡전재 할머니가 또 하나의 깨우침을 주시네.

오늘이 문득 스승의 날임이 떠올랐다.

삼인행필유아사(三人行必有我師), 세 사람이 함께 길을 가면 반드시 나의 스승이 있다더니 5월 중순 눈부신 신록 속으로 떠난 지리산 여행은 나에게 많은 깨달음을 준 큰 스승이었어.

행복한 책읽기의 추억

엄마가 근무하는 경북대사대부고는 담쟁이가 아름답기로 유명하다. 빨간 벽돌의 본관 건물 벽면을 가득 덮은 연둣빛 담쟁이는 5월이면 그 싱그러움이 절정에 이른다.

화창한 봄기운을 만끽할 수 있는 5월인데 올해는 유난히 일찍 찾아온 무더위로 인해 대구는 벌써 폭염주의보가 내려지기도 했지. 이른 너위에 땀을 뻘뻘 흘리며 짜증 내는 아이들, 후끈한 교실을 식히기 위해 학교에서도 예년보다 일찍 에어컨을 가동해주네. 경북대사대부고의 5월은 교육실습을 나온 90여 명의 교생들로 인해 열기가 더 뜨겁다. 매력적인 용모에 예쁜 옷을 차려입은 젊은 교생들의 등장만으로도 아이들은 한껏 들뜬다.

문득 작년 이맘때 교생 실습하던 네 모습이 떠올랐어. 새벽부터 일어나 꽃단장하고 설렘 가득한 모습으로 출근하고, 퇴근 후에는 아이들과 함께 했던 수업 이야기, 복도를 오고가며 던진 아이들의 말 한마디까지 나한테 말해줬지. 상기된 얼굴과 목소리로 이야기 보따리를 풀어내는 네 모습을 보면서 천생 선생해야 행복할 아이라고 생각했었지.

너처럼 새벽부터 일어나 꽃단장하고 출근했을 교생들은 아침 조례부터 교과 수업 실연, 청소지도까지 교사의 역할을 참관하고 실습하며 배운다. 점심시간, 쉬는 시간 틈틈이 학생들과 1 대 1 상담도 진행하며 다양한 경험을 하지.

올해 엄마는 2명의 국어과 교생 선생님을 지도했는데 그들에게 창의적 체험활동 동아리 시간을 어떻게 운영하는지 보여주고 싶었어. 엄마는 '석향'이라는 도서 문예부 2학년을 담당한단다. 1학년 담당 선생님께서 프랑스어 선생님이신데 올해 9명의 교생 지도를 맡으셨더라. 프랑스 교과를 선택하는 학교가 많지 않아서 우리 학교로 실습을 많이 나온 것 같았어.

11명의 교생 선생님을 수요일 5교시 동아리 시간에 도서실로 내려오라고 하여 학생들과 인사를 나누었어. 그리고 교생 한 명에 두세 명 학생을 짝지어 모둠 편성하고 읽고 싶은 책을 골라 읽은 후 책 수다를 하도록 안내했지. 한 시간 중 30분은 가장 편한 자세로 책 읽고, 20분은 하고 싶은 이야기를 하는 거지.

읽기 편하면서 의미 있는 책을 고르려고 책장 앞에서 한참을 고민하는 모둠, 도서실 바닥에 앉고 누워 만화책을 읽는 모둠, 교생이 낭랑한 목소리로 소설을 읽어주기도 하고, 세 명이 번갈아 가며 일정 부분 윤독하는 모둠도 있더라. 아예 한 모둠은 도서실을 벗어나 햇살 좋은 건물 앞 계단에 자리 잡고 앉더구나. 여행 관련 책을 잔뜩 들고 나와 여행지 사진을 보며 그 곳을 다녀온 교생이 여행담을 들려주는데 재미있어서 나도 옆에 앉아 함께 들었어.

문득 엄마의 머릿속에 선명하게 떠오르는 기억이 있더라. 언젠가 엄마가 이 세상에서 가장 행복했던 순간을 떠올리면 빠지지 않고 등장하는 장면이 세 살된 너를 무릎에 앉히고 책 읽어주던 풍경이라고 말했었지? 둘째를 임신하여 힘든 몸으로 지쳐 퇴근하면 너는 기다렸다는 듯이 책장에 꽂힌 그림책을 잔뜩 꺼내와 내 무릎 위로 엉덩이부터 들이밀었지. 배도 고프고 몸은 힘들었는데 너와 함께 그림책 읽으며 이야기 나누다보면 정말 거짓말처럼 피곤이 스르르 녹는 신기한 경험이었다. 그 순간이 참 행복했었다고 지금까지 내 머리가 기억하고 있네.

오늘 우리 아이들도 교생 선생님과 함께 책 읽고 소소하게 나눈 대화들이 오래도록 행복한 추억의 장면으로 남았으면 좋겠어.

당신의
말의 온도는
몇 도인가요?

사랑니가 잇몸에 직각으로 누워 자란다고 이 더운 여름에 빼야 할까 고민하는 너를 보면서 어쩌면 저런 것까지 엄마를 닮는가 싶어. 치과 가기가 무섭다고 평소의 너답지 않게 걱정하는 모습이 안쓰러워 퇴근 후 함께 병원을 찾았지. 깔끔한 병원 내부에 편안한 소파가 눈길을 끌었고, 병원 크기에 비해 다소 많은 네댓 명의 간호사들이 친절하게 우리를 맞았지. 기다리는 손님이 한 명도 없어 바로 엑스레이를 찍으러 들어갔어. 의사 선생님은 염증이 심해 오늘 당장은 사랑니를 뺄 수 없다고 항생제를 먹고 이틀 후에 오라고 했어. 우선 당장 뽑지 않아도 된다는 말에 너는 안도의 한숨을 쉬었지.

이틀 후 염증이 가라앉아 사랑니 발치를 위해 치과에 너를 혼자 보내놓고 내심 걱정이 되더라. 퇴근해 집에 들어서는 나에게 너는 사랑니를 뽑고 온 이야기를 조잘조잘 들려주었지. 예전에 사랑니를 한 번 뽑아본 경험이 있어 걱정스런 얼굴로 병원에 들어서는 너에게 간호사들이 따뜻한 말들을 번갈아가며 건네줘서 안심이 되었고, 의사 선생님도 친절하게 발치의 과정을 설명해줘서 걱정했던 것과 달리 쉽게 뽑았다고 하더구나. 의사와 간호사가 건네는 말의 온도가 참 따뜻해서 아픈 것도 훨씬 덜한 것 같다고 했지. 치과가 마음에 쏙 든다면서 앞으로 거기를 애용하자고 하더구나.

네 이야기를 들으니 문득 얼마 전에 읽은 이기주 작가의 『언어의 온도』라는 책이 생각나네. 언어에는 나름의 온도가 있어 용광로처럼 뜨거운 언어에는 감정이 잔뜩 실려 있어 듣는 사람이 정서적 화상을 입을 수 있고, 얼음장같이 차가운 표현에는 상대의 마음을 꽁꽁 얼어붙게 한다는 작가의 서문이 기억난다. 아마 너는 두려움과 불안감으로 찾아간 치과에서 너의 마음을 어루만져 주는, 적당한 온도의 따뜻한 언어를 경험했나보다.

욕쟁이 할머니가 운영하는 음식점이 문전성시를 이루는 모습을 방송에서 볼 때 자기 돈 내고 밥 먹으러 가면서 주인이 손님더러 욕하는 곳에 왜 가나 싶어 의아한 마음이 들 때가 있었어. 그런데 우연한 기회에 들른 국밥집에서 욕쟁이 할머니를 직접 보고는 엄마의 생각이 바뀌었어. 기차 화통 삶아 먹은 것처럼 큰 목소리로 손님들 사이를 드나들며 건네는 할머니의 욕에서는 단골에 대한 관심과 애정이 담겨 있다는 게 느껴졌어. 반찬 하나라도 더 챙겨주고 싶은 할머니의 따스한 정이 투박한 욕 속에 담겨 있어 할머니가 내뱉은 말의 온도가 너무 뜨겁지도, 너무 차갑지도 않았어.

"내가 내뱉는 말의 온도는 몇 도일까?"

분노와 불만이 가득 담긴 채 말의 온도가 너무 높아 상대방이 정서적 화상을 입지는 않는지, 냉소적인 말투와 비난으로 온도가 너무 낮아 마음의 문을 닫아걸게 하지는 않는지 헤아리며 말해야겠다고 다짐하지만 그게 말처럼 쉽지는 않네.

어제 문학 수업 시간, 학기말 성적 확인 후 자투리 시간을 이용해 2학기 모둠 활동을 위한 복불복 모둠 편성을 했어. 4인 1조 모둠 편성을 위해 번호가 적힌 종이를 뽑으려고 한 명씩 줄서서 앞으로 나오고 있었지. 그런데 서너 명의 학생들이 엎드려 자느라고 나오지 않아 내가 몇 번이나 이름을 부르며 일어나라고 얘기했어. 그런데도 미동도 하지 않고 잠들어 있는 아이들의 모습에 속이 상해 앞에 앉은 아이에게 "결혼해서 아내가 부르는데도 남편이 저렇게 자고 있으면 얼마나 속 터질까?"하고 농담처럼 건넸어. 그 순간 엎드려 있던 한 아이가 "씨×, 선생이 학생한테 막말해도 됩니까? 말을 왜 그딴 식으로 합니까?"하면서 발끈하며 자리에서 일어나는 거야. 너무나 순식간의 일이었고, 화가 많이 난 아이를 더 자극하지 않는 것이 좋겠다 싶어 대꾸하지 않고 잠들어 있는 다른 아이를 흔들어 깨워 모둠 편성을 끝냈어.

잠시 후 마침 종이 쳤고, 아까 나에게 욕설을 하며 대들었던 녀석을 밖으로 불러냈어. 학생들의 왕래가 적은 복도 끝으로 데려가서 왜 그렇게 화를 내느냐고 물었지. 수업 중 잠잔다고 결혼해서 아내 속 터지게 하는 남편이 될 거라고 말하는 내 말투가 기분 나빴다고 한다. 생각해보니 내가 뱉은 말에서 냉소가 읽혔을 수 있겠다 싶어 농담이 지나쳤노라고 미안하다 사과했어. 그렇다고 선생님에게 "씨×"이라고 욕하는 건 더 잘못된 행동이라고 나에게도 사과하라 했더니 마지못해 "잘못했어요." 하더구나. 아이를 다독여 들여보내고 나서 교무실로 향하는 내 머릿속을 떠나지 않는 물음 하나가 있다.

"내가 내뱉은 말의 온도를 상대는 몇 도로 느낄까?"

아이들에게 도서관이란?

엄마의 앞편지에서 '교생과 함께하는 행복한 책 읽기'라는 제목으로 석향 도서문예부 활동을 소개했었지. 오늘의 수다도 석향 아이들의 이야기란다. 우리 학교는 매주 수요일 5교시가 동아리 활동인데 동아리 부장이 오늘은 도서관에서 게임을 하겠다고 하더구나. 매 시간 동아리 활동을 어떤 걸로 진행하나 고민이었는데 잘 됐다 싶어 나는 휴대폰 카메라만 들고 사진을 찍기로 했어.

동아리 부장이 진행을 맡고 1, 2학년으로 팀을 나누어 서가에서 책찾기 놀이를 하겠대. 첫 번째 미션으로 책 제목이 가장 짧은 책을 찾아오라고 문제를 내자마자 후다닥 달려가서 한 글자의 책을 한 손 가득 들고 오더라. 5분의 시간 동안 어느 팀이 더 많은 책을 뽑아오는가 내기하는 거지.

잠시 후 종료를 알리면 서로 반대 팀에서 책 제목이 한 글자인

도서부 책찾기 놀이

지 확인하는데 부제가 붙어있는 것들은 탈락시키더군. 이때, 여학생 한 명이 갑자기 "어? 가장 짧은 책 제목이 한 글자가 아니야. 여기 제목 없는 책이 있다."하는 바람에 다들 놀라서 바라보니 노란색 책 표지 앞면에는 어떤 글자도 적혀있지 않더라. 제목 없는 책이라? 그럴 리가 있나 하고 책등을 보니 제목이 길게 적혀 있어 다들 웃음이 빵 터졌다. 첫 번째 미션의 승리는 1학년 팀이었어.

두 번째 미션은 도서실에서 우리 학교 학생들이 최근에 많이 빌

누가 누가 빨리 찾나?

려간 책 목록을 복사해 주고 그 책을 빨리 찾아와서 탑쌓기를 하는 거야. 역시 제한된 시간 10분 안에 가장 많은 책을 찾아와 높게 쌓는 팀이 이기는 게임이야. 서가 앞에 다닥다닥 붙어서서 책 찾는 모습이 얼마나 진지하고 귀여운지 학기 추 석한 동아리 지도교사를 맡고 4개월 만에 가장 활기찬 아이들의 모습을 봤어. 엄마 머릿속에 있는 도서실의 이미지는 조용하게 책 읽는 공간이었는데, 오늘 우리 동아리 아이들에게 도서실은 놀잇감이 꽂혀 있는 시끌벅

적한 공간이더라. 생각해보니 도서실이 꼭 진지할 필요는 없을 것 같아. 두 번째 미션도 또 1학년이 이겼어.

1학년 도서부 선생님께서 과자를 준비해 주셔서 이긴 팀, 진 팀 모두에게 선물로 나눠주시네. 기뻐하는 아이들과 달리 엄마는 이런 순간 놀이하느라 뽑아 놓은 저 책들을 어떻게 정리하나 걱정이 앞서더라.

동아리 부장에게 책 정리는 어떻게 하냐고 작은 소리로 물었더니 "간식 먹기 전에 정리부터 할까요?"하고 되묻는다. "그게 좋겠다."는 내 말이 떨어지기가 무섭게 아이들은 청구기호 라벨 표시를 보고 제자리에 착착 꽂아버리더구나. 3~4분도 채 안 걸려서 책들을 다 갖다 꽂고 간식을 나눠먹는 걸 보면서 많이 놀랐어. 솔직히 엄마는 도서 십진 분류표도 정확하게 숙지 못하고, 청구기호만 보고 서가에 책 꽂는 방법을 잘 모르거든. 그런데 아이들은 순식간에 청구기호를 보고 제 자리에 딱 갖다 꽂더구나. 석향 동아리 아이들의 새로운 면을 발견하게 된 귀한 시간이었어.

오늘도 활동에 참여하지 않고 도서실 저쪽 귀퉁이에서 책 한 권 들고 혼자만의 세계에 빠져 있는 친구가 있어. 귀가 잘 들리지 않는 이 친구는 평소에도 동아리 활동에 잘 참여하지 않아. 엄마는 옆에 가서 잠깐 말 걸어주고 그냥 내버려둔단다. 어쩌면 저 아이가

한 줄 책 속에서 더 많이 생각하고, 느끼고 있을 지도 모르니까! 빡빡한 학교생활에서 가끔 편안하게 숨쉴 수 있는 공간이 필요하지 않을까? 도서실이 우리 아이들에게 그런 공간이 되었으면 좋겠어. 먼 훗날 그 중의 누군가 나를 키운 건 팔 할이 도서관이었노라고 말하는 사람이 있기를 기대하면서…….

이제 더 이상
돌에서는
향기가 나지 않는다

작년에 부임하여 창의적 체험활동 동아리로 시 문예 동아리 '석향(石香)' 지도교사를 맡았다. '석향'은 '돌의 향기'란 뜻으로 그윽하게 존재하면서도 굳건히 지속되는 진리의 향기를 비유한 이름으로 경북대사대부고 초창기에 만들어진 시 문예 동인회라 한다. 1960년 자유당 부정선거를 규탄한 것이 빌미가 되어 강제 해산되었다가, 1973년 부활한 문학동아리라고 하니 그 역사와 전통이 빛나는 동아리라고 생각하여 흔쾌히 수락했다.

그런데, 회원 수를 물으니 3학년은 입시 때문에 활동을 하지 않고 남아 있는 2학년 회원은 4명, 이제 신입생을 모집해야 한단다. 1학년 담당 국어 선생님들께 추천과 홍보를 부탁드렸고, 2학년 담당인 나는 수업 시간 동아리를 홍보했다. '석향' 이름만 꺼냈는데도 아이들이 비웃듯이 말한다.

"그 동아리 아직도 없어지지 않았어요?"

"석향이 뭐예요? 촌스러워요. 구시대 유물 같아요."

"요새 누가 시를 써요?"

냉소적인 학생들의 답변에 당황스러우면서도 한편 오기가 발동했다. 대다수의 중고등학교에서 문예 관련 동아리들이 거의 사라지는 현실을 반영하듯 옛 명성에 비해 쇠퇴해가는 동아리지만 사그러드는 불씨를 호호 불어 석향 동아리를 되살려보겠다고 다짐했다.

3월 말 학생들의 동아리 부서 희망을 받아보니 신입생은 2명만이 신청했고, 그나마 2학년이 추가로 2명 신청하여 모두 8명이 되었다. 예상보다 인원은 적었지만 그래도 '열심히 하다보면 내년에는 나아지겠'하는 희망을 갖고 동아리 활동을 시작했다. 매주 수요일 5교시 동아리 시간이 기다려졌고, 다른 어떤 일보다 특별히 공을 들였다.

대구광역시교육청 주관 학생 인문학 동아리 공모전에 신청하여 초·중·고 10개 동아리에 선정되어 지원금도 받아 아이들에게 책을 선물하고 간식도 사주었다. 『국어시간에 시 읽기』, 『나와 나타샤와 흰 당나귀』 시집을 읽고 가장 마음에 와 닿은 시를 친구들 앞에서 낭송하기도 했다. 시낭송 전문가를 초청하여 시낭송 기법도 배웠다. 6월 26일 토요일 대구시교육연수원에서 열린 제26회 재능시낭송대회 대구 예선에 참여하여 우수상을 받기도 하였다.

1학기 동아리 반일제 활동으로 대구가 자랑하는 이상화 시인의 시를 읽고 이상화 고택도 다녀왔다. 상화 복장으로 사진도 찍으며 그의 작품과 삶에 대해 알아보는 시간을 가지고, 인근에 있는 서점에 들러 각자 읽고 싶은 시집을 구매하기도 했다.

또한, 한국문화예술위원회가 주관한 '2016 책 수다' 프로젝트에 참여하여 이근미의 청소년 소설 『17세』를 선물로 받아 읽은 후 수다 판을 벌였다. 자신들의 17세를 솔직 담백하게 펼쳐낸 수다 내용을 요약하여 청소년문화 웹진 〈킥킥〉에 실었다. 7월 15일 「풀꽃」의 나태주 시인을 찾아가는 문학기행에도 참가하여 시와 문학을 사랑하는 마음을 더 넓혔다. 2학기 반일제 동아리 시간에는 대구문학관에서 실시하는 대구문학로드 체험활동에 참가하여 대구근대문인들의 발자취를 따라 골목길 탐방도 했다.

교내 과학 동아리에서 만들어내는 『군성 사이언스지』 창간호에 축시도 공동 창작하여 싣고, 매월 학교 복도 게시판에 '석향이 드리는 이 달의 시'를 소개하기도 했다. 문학 수업 시간 2학년 학생들이 쓴 시를 모아 시집 『순두부와 파인애플』을 엮을 때 석향 동아리 학생들의 시도 함께 실었다. 미술 선생님께 부탁을 드려 친구들이 쓴 시를 캘리그라피로 쓰도록 하여, 우수 작품을 대구시교육청 책 축제에서 학교 부스를 꾸밀 때 활용하기도 했다.

일 년을 마무리할 때는 동아리 부서원들도 모두 만족해했고, 지도교사인 나도 대체적으로 흡족한 활동이었다고 자평했다.

그런데, 그 석향 동아리가 올해 문을 닫았다. 이유는 신입생이 한 명밖에 오지 않았기 때문이다. 2학년 2명이 홍보지를 만들고 홍보 영상도 만들어 열심히 홍보했지만, 신입생들의 이목을 끌지 못했다. 결국 적은 인원수로는 동아리를 운영할 수가 없다는 판단 하에 없애기로 했다. 그래도 석향이라는 전통 있는 동아리가 사라지는 것이 못내 아쉬웠다.

교사가 아무리 노력해도 지금의 학생들에게 시와 문학은 가까이 하기엔 너무 먼 당신이고 재미없는 대상인 것만 같아 씁쓸하고, 나로 인해 전통 있는 동아리가 문을 닫은 것 같아 자괴감이 들었다.

우리 학교 출신인 교장 선생님께서도 석향 동아리가 사라지는 것이 못내 아쉬워하신다는 말을 전해 듣고 국어과 선생님들이 고육지책으로 도서부와 통합하기로 했다. 동아리 이름을 석향(도서, 문예부)으로 바꾸어 시 문예부와 도서부가 통폐합된 것이다. 도서부 아이들도 이름을 석향으로 바꾸는 것이 불만이라고 말한다.

"그냥 도서부가 좋은데 왜 석향으로 해야 하냐고?"

궁색한 변명을 늘어놓는 내 얼굴이 화끈거린다.

수요일 5교시가 다가오는 게 두렵다. 작년에는 도서부가 어떤 활동들을 했냐고 물으니 특별히 활동한 건 없고 그냥 도서실에서 책 읽거나 자습했단다. 4월 23일 책의 날을 맞아 일주일 전부터 아침 등굣길 책 읽기 캠페인부터 해보자고 제안했다. 독서를 권장하는 좋은 문구를 넣어 피켓을 만드는 모둠을 정하고, 등굣길 캠페인에 참가할 모둠을 편성했는데 막상 날짜가 다가오니 모두들 못하겠단다. 현장체험학습 일정과 겹쳐 피켓 만드는 일을 못해서라고 말하지만 동아리 활동에 의욕적인 아이들이 보이지 않는다. 다들 그냥 도서실에 앉아 문제집을 풀거나 컴퓨터를 만지면서 뉴스 검색하거나 멍 때리면서 조용히 있고 싶어 하는 눈치다. 그나마 도서부가 서가 정리하고 도서 대출 업무 조금 도우면 봉사활동 20시간을 받을 수 있으니 그게 매력적이어서 가입했지 특별히 책을 좋아해서 온 것 같지는 않다. 이 아이들과 어떻게 동아리 활동을 꾸려나가야 할지 막막하다.

책을 좋아하고 감수성 예민하여 자신의 언어로 글을 써 보고 싶어 하던 그 많던 문학소년, 소녀들은 다 어디로 갔을까?

석향(石香)! 돌에서는 더 이상 향기가 나지 않는다.

2부

엄마랑 한 판 붙어 볼래!

풍자, 재치, 민망……
대학 졸업식의
웃픈 현실들

2월은 졸업식의 달이다.

지난 달 21일 딸의 사범대학 졸업을 축하하기 위해 남편과 함께 참석했다.

모처럼 기온이 영상으로 올라 햇살은 부드럽고, 교문 입구에 늘어선 꽃다발 파는 상인들, 한껏 멋을 부린 졸업생들과 부모들의 알록달록한 옷차림, 여기저기 내어걸린 축하 현수막들이 졸업식의 분위기를 돋운다.

전날 잠을 설쳐 화장이 잘 안 받는다고 아침부터 투덜대던 딸도 캠퍼스에 들어서니 기분이 풀리는지 졸업식 가운을 입고 친구들과 깔깔 웃으며 정든 학교를 배경으로 사진을 찍는다. 잠시 후 졸업식으로 안내받아 들어간 곳은 150여 명이 들어설 만한 소박한 공간이었다. 이미 자리는 꽉 찼고 축하객들은 벽 주위에 둘러서 있었다. 사범대학장님이 졸업생 한 명 한 명을 무대 위로 불러 졸업장을 수여하고, 학사모 테슬의 방향을 바꿔주면 그 옆에 서 있는 지도교수님들과 악수, 포옹도 하고 덕담을 나눈 후 내려오는 모습이 사뭇 진지하고 감동적이었다. 그런데 사회자의 호명에 무대 위로 올라오지 않는 사람이 있는 것을 보고 졸업식에 참석하지 않는 사람이 많다는 것을 알았다. 졸업 앨범은 없느냐고 물으니 희망하는 사람이 많지 않아 요즘은 만들지 않는다고 한다. 시대가 참 많이 변했구나 생각이 들었다.

문득 1993년 나의 졸업식이 떠오른다.

그 시절 우리들의 유행은 졸업식에 한복을 입는 것이었다. 한복에 어울리는 올림머리를 하려고 새벽부터 미용실에 앉아 처음으로 신부화장을 했다. 얇은 한복 위에 졸업 가운을 입긴했지만 야외에서 진행된 졸업식에서 추위로 오돌오돌 떨었던 기억이 지금도 생생하다. 그래도 졸업동기들과 함께 참석하여 앨범을 펼쳐 사진이 잘 나왔다, 못 나왔다 하면서 이야기꽃을 피우고, 석별의 정을 아쉬워했었는데…….

낡은 사진으로만 남아 있는 추억이지만 그때의 마음은 행복감 충만이었다. 졸업하던 해에 임용고사에 합격해 3월이면 출근할 부임지까지 결정되었고, 4년을 사귄 남자친구와 5월에 결혼식이 예정되어 있으니 핑크빛 미래에 대한 기대감으로 마음이 간질간질 설레고 기뻤다.

옛 추억에 젖어 입가에 미소가 번지는 나와 달리 밝은 낯빛이던 딸의 얼굴이 시간이 지날수록 점점 어두워진다. 친구, 후배들과 축하 인사를 나누고 돌아오는 차 안에서 딸이 건넨 말이 짠하다.

"엄마, 나 내일부터 백수다. 어딘가에 속하지 못한다는 게 참 불안하고 기분이 묘하네. 끈 떨어진 연 같다."

고등학교 생활의 연장처럼 지각, 결강 한 번하지 않고 성실하게 대학생활해 준 딸이 졸업과 동시에 고급 백수가 되었다. '임용고사 삼수는 필수'라는 말이 전혀 위로가 되지 못하고, 언제가 될지 모르는 합격의 그날을 위해 딸은 또 긴 시간을 자신과 싸워야 한다.

저녁 뉴스에서 대학교 졸업식의 웃픈 현실을 집중 보도한다. 졸업식에 불참하여 우편이나 택배로 졸업장을 받으며, 학점 경쟁자일 뿐인 친구들의 사진첩을 구매하지 않아 졸업 앨범도 만들지 않는다고 한다. 그러면서 졸업식에 내어걸린 현수막의 다양한 문구들을 소개한다.

"권 모 24세 무직, 장 모 25세 무직. 졸업을 축하합니다."

"이제 백수라고 전해라."

"어제는 학점의 노예, 내일은 월급의 노예."

청년실업의 현실을 담은 문구부터 비장미가 넘친다.

"대학생활! 기억이 나지 않습니다."

"내가 OB되려고 졸업했나."

"자괴감 들고 괴로워."

"우○○처럼만 되지 말자."

특정 정치인과 국정농단을 풍자하는 문구도 시선을 끈다.

"학점이 하늘에서 땅까지 아찔한 진자운동을 계속하였다. 졸업이었다."

인기 드라마를 풍자한 재치 있는 문구까지 등장했다고 전한다.

20대 청년들의 비애와 고민, 정치 현실이 담긴 문구라 씁쓸하지만 일면 공감되는 부분이 많아 고개를 끄덕였다. 그런데, 정말 입에 담기조차 민망하고 부끄러워지는 문구가 있어 경악했다.

모 대학 총대의원회가 학생회관 앞에 내건 현수막 문구이다. 현수막의 빨간색 큰 글자만 읽으면 "오빠! 축 졸업"이지만 그 밑에 적힌 검은색 작은 글자까지 포함해 읽으면 "오빠! 나 지금 ○○해 ○○○ 업됐어."라고 읽혀 옮겨 적기에도 민망한 문구다. 거기다 모자이크 처리된 사진도 함께 실어 포르노 잡지의 한 장면을 보는 것 같아 공분을 샀다. 색다르고 재미나게 제작해 보고 싶은 마음에 선배들의 엽기 사진을 모자이크 처리해 실었고, 문구가 지나쳤다고 익명으로 뒤늦게 사과문을 올렸지만 비난은 멈추지 않는다. 양성평등이니 인권의식이니 하는 거창한 말을 들이대지 않아도 이것이 대학교 총대의원회 이름으로 걸린 현수막이라는 사실에 말문이 막힌다. 졸업식을 축하하기 위해 많은 외부인들이 찾아오는 길목에 외설스럽고 비속어가 담긴 문구를 버젓이 걸어 공개적으로 학교 망신을 제대로 시켰다. 대학가에서 심심찮게 들려오는 성추행, 성폭력 사건들과 오버랩 되면서 씁쓸한 마음을 지울 수가 없다.

말은 그 사람의 품격이라는데, 내가 이런 아이들을 가르쳤던 국어 선생인가? 이 시대 국어 교사로서 나는 아이들에게 무엇을 가르쳐야 하는가? 자꾸만 질문을 던지게 하고 자괴감이 밀려온다. 유구무언(有口無言)이…….

사랑하는 딸아!

진심으로 너의 졸업을 축하한다. 이제 대학교라는 울타리를 벗어나 더 큰 세상에서 맘껏 날아보렴. 공지영 작가의 에세이집 제목처럼 "네가 어떤 삶을 살든 나는 너를 응원할 것이다."

풍자, 재치, 민망…… 대학 졸업식의 웃픈 현실들.

엄마랑 한 판 붙어 볼래!

20살이 된 아들이 대학에 들어간 기념으로 가족사진을 촬영했다. 한껏 폼 잡고 프로필 사진을 찍고 보니 체구가 작아 평소 서로 닮았다고 생각하지 않았던 딸아이의 모습 속에서 젊은 날 나의 모습이 겹쳐진다.

유치원 때까지 그림을 잘 그려 화가가 되겠다던 딸이었는데 주말이면 엄마가 가르치는 학교의 언니들과 함께 문학기행, 문학 캠프에 참여하고, 엄마가 기획, 진행하는 저자 초청강연회, 시낭송축제 행사에도 함께 참여하더니 어느 날 갑자기 "엄마 같은 국어 선생이 될 거야!"라고 말하더라. 그리고 조금의 망설임도 없이 사범대 국어교육과에 진학했고, 현재 4학년으로 임용고사를 준비 중인 예비교사다.

지난 6월 말경 내가 지도한 학생 4명이 대구 MBC 고교토론 최강전 아이언 프로그램에 나와 토론하는 모습을 가족들과 함께 시청하였다. 학생들을 지도하는 엄마의 모습이 프로그램 중간 중간 잠깐씩 비칠 때마다 남편은 엄마 나왔다고 신기해하며 한마디씩 건네는데, 말없이 보고만 있던 딸이 엔딩 자막이 나오자마자 입을 연다.

"엄마, 내가 빨리 임용고사 합격해 우리 학교 학생이랑 엄마 학교 학생이랑 한 판 붙어!"

"그래! 좋아! 얼마든지 도전장 받아주지! 그 꿈이 머지않은 시간에 이루어지면 좋겠다."라고 말하면서 나는 속으로 얼마나 뿌듯했는지 모른다.

나에게 영향을 받아 교사의 길을 걷게 되었다고 말해주는 제자가 다섯 명만 나와 준다면 성공한 교사의 길이었노라고 미련 없이 교단을 떠나겠다고 농담처럼 말해 왔었는데 현재 네 명의 제자가 교단에 섰고, 마지막 한 명이 남은 상태인데 그것이 내 딸이라면 이보다 더 좋을 수 있으랴 싶다. 그 옛날 나의 국어 선생님처럼…….

면 소재지 작은 시골 학교를 다닌 나는 국어 교사가 된 후, 가끔 중·고등학교 학창시절 만난 국어 선생님들의 모습을 떠올릴 때가 있다. 어쩌면 교사의 영향력이 절대적이었던 시대라는 이유도 있겠지만 유독 국어 선생님들이 나에게 많은 영향을 끼쳤다.

중학교 1학년 때 국어 선생님은 정년이 얼마 남지 않은 원로 교사로 마음 좋은 인상을 하신 할아버지 선생님이셨다. 목소리가 작고 톤이 낮아 "인간 수면제"로 불리던 국어 선생님 시간이면 아이들은 모두 엎드려 잠이 들었다. 그런데 나는 그 선생님이 우리 할아버지랑 닮았다는 이유만으로 열심히 수업을 들었다. 참고서와 교과서를 번갈아가며 읽어주시던 선생님께서는 두꺼운 돋보기를 써도 잔글씨가 보이지 않는다며 가끔 나를 불러세워 학생들에게 책에 밑줄 치고 참고서 내용을 읽어주는 역할을 하게 하셨다. 그러다가 나중에는 "꼬마 선생님"이라는 별명을 지어주시며 아예 참고서의 내용을 정리해 와서 학생들에게 가르쳐 보라고 하셨다.

지금 생각하면 뭘 어떻게 설명했는지 기억나지는 않지만, 나에게로 집중되는 친구들의 눈빛, 나의 또랑또랑한 목소리가 참 좋다는 친구들의 말에 용기를 얻어 그때부터 장래 희망 칸에 약사가 지워지고 국어 교사가 자리잡았던 것 같다.

고등학교 2학년 때, 담임이셨던 국어 선생님께서 햇살이 따사로운 어느 봄날, 수업 시작 전에 시를 한 편 읽어주셨다. "목련꽃 그늘 아래서 베르테르의 편질 읽노라." 햇살을 등지고 서 있는 선생님

뒤쪽으로 하얀 햇살이 부서지고 작은 체구에서 울려나오는 굵은 저음의 목소리, 하얀 백목련의 눈부신 자태를 연상시키게 하는 시 구절, 베르테르의 편지라는 이국적 느낌이 봄날의 나른함과 버무려져 마음이 편안해지면서 행복감이 밀려왔다. 아직까지도 그 날의 풍경과 느낌이 한 폭의 그림처럼 내 기억 속에 담겨 있다. 국어 교사가 된 후 그 어떤 갈래보다 시를 좋아하게 된 계기가 되었다.

우수하지 않은 학력고사 성적으로 국립대 국문과를 갈 것인가? 사립대 국어교육과를 갈 것인가 진로를 고민할 때 학교보다 학과를 선택하라고 설득해 주신 분도 국어 선생님이셨고, 입학 원서에 붙은 나의 증명사진을 보며 "너는 목이 길어서 슬픈 짐승이 아니라 미인이다. 멋진 국어 선생이 될 거다." 난생 처음 들어보는 미인이라는 표현보다 목이 길어서 슬픈 짐승이 아니라 멋진 국어 선생이 될 거라는 격려의 말로 기운을 불끈 솟게 해주신 분도 국어 선생님이셨다.

내가 그토록 간절히 원했던 국어 교사의 꿈을 이룬지 23년이 되었다. 그 옛날 그토록 커보이던 나의 선생님만큼 선생 노릇을 해도 학생들 앞에 서면 한없이 떨리고 작아지는 소심한 국어 교사인데 엄마를 따라 국어 교사의 길을 가겠다는 너를 보며 들려주고 싶은 이야기가 너무 많다.

그 옛날 나의 국어 선생님처럼 너에게 도움주고 기억되는 선배 국어 교사가 되고 싶네. 앞으로 이어질 엄마의 편지를 기대해줘.

절박함 속에 핀 꽃

검찰사무직 9급 공무원이 될 뻔 했던…….

지난 번 편지에서 엄마가 학력고사를 치른 후 받은 점수로 국립대학교 국어국문과를 갈까? 사립대학교 국어교육과를 갈까? 고민할 때 진로 지도를 잘해주셨던 국어 선생님 이야기를 했었지. "학교보다는 학과를 선택하라."는 선생님의 조언을 받아들여 사립 사범대학 국어교육과에 진학했지만 그때까지만 해도 국립 사범대학는 의무발령이었지만 사립은 교직으로 나갈 기회가 많지 않던 상황이었어. 그나마 남자들은 사립 중고등학교라도 들어갈 수 있었고 공공연히 얼마를 기부금으로 내야 채용해준다는 소문이 무성하던 시절이라 엄마는 솔직히 앞날이 암담하게 느껴졌어. 그래서 친구들은 삼삼오오 모여 미팅하고 레스토랑으로 돈가스와 커피를 먹으러 갈 때 엄마는 도서관에 틀어박혀 공무원시험 준비를 했단다. 엄마의 삼촌이 당시 의정부지청 검찰사무직 공무원으로 재직하셨는데 고등학교 졸업한 나에게 검찰사무직 9급 공채에 도전해 보라고 교재를 사주셨거든.

엄마가 20살이던 그 해, 외할아버지는 오토바이 사고를 당해 병원에 장기 입원해 있었고, 어려운 형편에 1남 5녀의 장녀를 등록금 비싼 사립 사범대학에 보냈다고 동네 사람들의 수군거림이 엄마 귀에까지 들려 마음이 복잡하던 시절이었어. 공무원 9급은 고등학교 수준의 문제가 출제되어 국어, 영어, 한국사 등은 어렵지 않았는데 형법, 형사소송법 등은 생전 처음 들어보는 법률 용어와 판례 등을 무작정 외우며 무식한 방법으로 공무했단다. 지금은 시험 일자가 언제였는지 기억조차 가물가물한데 아마 5월쯤으로 그리 더운 날씨가 아니었던 것 같은데 시험 치는 내내 어찌나 진땀을 흘렸던지……. 아마 그 날 내 생애 흘릴 땀을 다 흘리는 기분이었다. 예상대로 형사소송법과 형법에서 과락하여 엄마는 불합격되었다.

지금 생각하면 결과론적으로 잘 된 일이었지만 그 때 엄마의 입장에서는 하늘이 닫히는 느낌이었어! 어려운 가정 형편에 등록금에 한 푼이라도 보태겠다고 여름 방학 동안 커피 시음 아르바이트도 하고, 고3 때 담임 선생님의 소개로 입주 가정교사도 두 달 동안 해 봤지만 빈부 격차로 인한 문화적 충격을 감당하기 힘들어

스스로 그만 두었단다.

그렇게 힘든 여름을 보내고 있을 무렵 향우회 모임에서 1박 2일 캠프를 가야산으로 가게 되었지. 거기서 운명처럼 촌스러운 한 남자를 만났는데 그게 네 아빠란다. 엄마가 많이 지쳐 있을 때였고, 누군가의 다정한 말 한마디가 그리웠을 때여서 금방 사랑에 빠져들었다. 사랑에 빠지니 달콤한 대학생활을 놓고 싶지 않더구나. 그 무렵 퇴원한 외할아버지께 1학년 2학기 등록금만 대어주시면 대학생활 1년만하고 그만 두겠다고 말씀드렸다. 1학년이 끝나갈 때쯤 교원임용 공채시험이 도입된다는 반가운 소식이 들려 학교는 계속 다닐 수 있었지. 막다른 골목에서 더 이상 선택의 여지가 없다는 절박함으로 교원 임용 공채시험을 준비했고, 엄마는 1992년 겨울 졸업하던 해에 바로 공채시험에 합격했다. 30여 명 졸업생 중 합격한 사람이 2명뿐이었고, 거기다 3월에 발령받은 건 엄마밖에 없었으니 엄마가 얼마나 기뻤을지 상상이 가지.

엄마가 이런 진부한 성공 스토리를 이야기하는 건 지금 이 순간에도 교원 임용고사를 준비하는 많은 딸들에게 용기를 잃지 말라고 말해주고 싶어서야. "어려움과 절박함 속에서 피어나는 꽃이 더 향기롭다고, 간절히 원하면 이루어진다."는 식상한 말로 이 순간에 최선을 다하라고 말해주고 싶어서야.

피그말리온 효과라고 들어봤지? 피그말리온이 상상 속의 이상형을 상아로 깎아 조각상에 갈라테이아로 이름 붙이고 온갖 정성과 사랑을 쏟으며 아프로디테 여신에게 기도하여 생명을 부여받았다는 이야기! 하지만 피그말리온의 기적은 피그말리온의 간절한 바람뿐만 아니라 그 바람에 부응하고 싶은 갈라테이아의 로젠탈 효과가 더해져 이루어진 것이라고 하더구나. 심리학에서 로젠탈 효과는 타인이 나에게 거는 기대에 부응하는 쪽으로 변화하려고 노력할 때 생기는 긍정적 에너지라네.

딸! 임용시험에 한 번에 합격한 엄마를 의식해 너도 그래야한다고 부담감을 느끼기도 하겠지만 또 한편 생각하면 교사가 되고 싶다는 너의 간절한 바람과 나의 기대에 부응하고 싶다는 로젠탈 효과가 합쳐져 기적 같은 일이 생길지도 몰라. 교원 임용에서 삼수는 필수라는 요즘에 졸업과 동시에 임용 합격한다면 그건 기적이라고 말할 수 있지 않을까?

연일 기록적인 폭염이 이어지고 임용 준비하느라 지치고 힘들지만, 끝까지 너 자신을 믿고 모녀 국어 교사의 꿈을 이루기 위해 힘껏 노력해. 엄마는 널 믿어!

철부지 어른들 때문에

2017학년도 대학수학능력시험이 11월 17일 전국적으로 실시되어 관공서의 출퇴근 시간이 한 시간 늦춰지고 경찰이 비상근무에 들어가며 온 나라가 들썩거렸다.

작년엔 수능 시험을 치는 아들 덕분에 엄마는 시험 감독관에서 면제되어 법당에 앉아 기도하면서 하루를 보냈는데, 올해는 전날부터 수능시험장을 설치하고 감독관 사전회의에 참석한 뒤 일찍 잠자리에 들면서 수험생처럼 컨디션 조절을 했단다. 수능일 7시 10분까지 고사장에 도착하기 위해 알람을 몇 개씩 맞춰놓고도 혹시 못 일어나면 어쩌나 하는 불안감에 잠을 설쳤단다. 고사장 입구에 많은 사람들이 모여 수험생들에게 따뜻한 차를 나눠주고 시험장으로 향하는 아이들의 뒷모습을 두 손 모아 바라보는 학부모들의 모습을 보니 괜히 코 끝이 찡해진다.

엄마 학교는 올해 다양한 유형의 수험생이 모여 5교시 제2외국어까지 시험 치는 고사장이란다. 운 좋게 1교시 개인접수자 7명만 있는 반에 감독관으로 배정되는 행운을 누렸단다. 시험 감독관들도 중요한 시험이니만큼 작은 실수라도 할까봐 신경을 곤두세우게 되는데 학생 수가 적으니 심적 부담이 훨씬 덜하더라. 결시생 한 명까지 있어 2명의 교사가 6명 학생을 감독하니 8시 10분 입실하여 10시까지 학생 한 명 한 명을 유심히 관찰하게 되더라. 평상심을 유지하려 애쓰고는 있지만 손과 발을 달달 떨며 초조해하는 모습, 넓은 시험지를 넘길 때마다 자신도 모르게 내뱉는 한숨소리, 바짝 마른 입술에 연신 침을 발라가며 문제 푸는 모습을 보고 있으니 파르르 긴장감이 나한테도 전이되는 것 같았어. 발자국 소리도 신경 쓰일까봐 움직임을 최소화한 채 100여 분 서 있고 나니 다리도 아프고 허리도 뻐근하더라.

무사히 1교시를 마치고 고사실을 나오는데 학생 한 명이 포기각서를 쓰겠다고 본부가 어디냐고 묻더구나. 계단을 걸어내려 오면서 물어보니 국어가 너무 어려워서 올해는 포기하고 내년에 다시 도전해봐야겠다고 하더라. 너한테만 어려운 게 아니고 모두 어렵게 느낄 수 있으니 끝까지 시험 보고 가는 게 후회 없지 않겠냐 하니까 미련 없다고 내년에 봐요 하면서 농담까지 건네고 가더라.

그때부터 엄마 마음속이 복잡해지기 시작하더구나. 대학수학능력시험! 대학에서 수학할 수 있는 최소한의 역량을 테스트하는 시험이 아니라 60만 수험생을 명확하게 등급을 나누어 서열화하는 시험! 94년도부터 시행된 수능 시험이 어느덧 20년을 훌쩍 넘겼네. 시행 첫 해에만 2번 시행되고 매년 11월 연 1회의 시험만으로 그것도 엄청난 학습량에 비해 적은 문제의 수로 5지 선다형 객관식 문항으로 과연 제대로 된 평가가 되느냐 말들이 많다. 거기다 수시 전형이 70% 이상으로 확대되어 수능의 비중이 점점 줄어들었다고는 하지만 최저 기준을 반영하는 상위권 대학에 진학하려면 여전히 그 영향력은 크다. 고교 3년, 길게는 초, 중, 고 12년의 노력이 하루의 시험으로 결정된다는 것이 얼마나 심적 부담이 크겠니? 거기다 불수능이라는 용어까지 등장해 수험생들의 가슴에 불을 지른다.

엄마가 자주 보는 지식채널e 중 「시험의 목적(2013. 10. 3)」을 본 것이 생각났어. 프랑스의 대학입학시험인 '바칼로니아'에 대해 소개하는 내용이었는데 특히 철학문제가 참 인상적이었어. 짧은 한 문장의 질문에 네 시간동안 자신의 생각을 서술하는 시험인데, 수험생만이 아니라 프랑스 시민 모두가 그 해의 철학 문제에 대해 생각하고 답하는 활동을 즐긴다더구나. 1808년부터 지속되어온 바칼로니아 시험의 목적은 '스스로 생각하고 행동하는 건강한 시민을 길러내는 것'이라 한다. 이제 우리나라도 대학수학능력시험의 목적에 대해 다시 한 번 생각해 보아야 할 시점이 아닌가 싶다.

4년 전 수능 시험을 망치고 딸이 울면서 "엄마, 나는 12년을 한 눈 한 번 팔지 않고 공부만 했는데 수능 시험 하루 망치고 나니 너무 허무해."하며 힘들어했었지. "노력은 배신하지 않는다. 지금 묵묵하게 닦아놓은 성실성이 켜켜이 쌓여 있다가 먼 훗날 결정적인 순간에 밑거름이 될 거야."라고 어설프게 위로했었지. 그렇게 너는 지금 스스로 생각하고 행동하는 건강한 시민으로 잘 성장하고 있어 참 고맙다.

올해도 어김없이 수능일 크고 작은 사건들이 뉴스거리로 등장하더구나. 시험 감독관 선생님이 엘리베이터에 갇혀 시험장에 못 갈 뻔한 사고부터 인절미를 먹다 부분 기도 폐쇄로 119 타고 병원 실려 간 엄마, 지각으로 경찰차를 타고 시험장에 도착해 격려의 박수를 받으며 달려가는 학생, 그 많은 사건 중 유독 엄마의 눈길을 끄는 사건은 도시락 가방 속에서 엄마의 휴대폰이 울려 부정행위로 퇴실 조치된 여학생의 이야기이다. 엄마의 실수로 폰이 도시락 가방 속에서 울려 1교시 시험 후 퇴실 조치되었으니 얼마나 속상했을까? 재수생이라는데 또 2년을 어찌 기다리나? 온갖 추측이 난무할 때쯤 그 여학생이 사과 글을 올렸다고 기사가 나더구나. 자신과 같은 시험실에서 시험 치던 학생들이 집중해야 할 국어 시험에 휴대폰 소리로 인해 피해를 입었을까봐 미안하다고 사과하는 내용에다 처음엔 엄마가 원망스러웠는데 실수이니 어쩔 수 없다고 이해한다는 말까지 보태져 감동적이었다. 자신으로 인해 피해 입었을 다른 사람을 배려하는 여학생의 모습을 보면서, 몸만 어른이지 정신이 성숙하지 못한 애어른이 저지른 사건들로 대한민국호가 침몰 직전에 빠진 것을 두고 볼 수만 없다고 19일 광화문 집회 차가운 거리로 몰려나온 고3 학생들의 모습이 오버랩되더구나.

촛불집회에 나온 고3 학생들이 정유라 사태를 보면서 내가 이러려고 공부했나는 자조 섞인 물음은 이화여대 입시 부정과 허술한 학사관리로 인해 더욱 공분을 불러일으키며 촛불에 기름을 붓는 격이 되었다. 거기다, 정유라 고교시절의 엉성한 출결 관리와 학교생활기록부 기재, 대회 참가 승인 과정 등에서 비정상적인 사례들이 속속 밝혀지면서 자신들이 그토록 노력하며 애쓰는 동안 다른 이면에서는 이른 특혜를 받는 것을 보며 그들이 느끼는 부당함과 분노는 어른들이 느끼는 것 이상일 거야. 내 자식만큼은 어떻게든 특권의 대열에 합류시키겠다는 부모들의 그릇된 욕심과 온갖 술

수를 쓰더라도 특권의 대물림하겠다는 기득권층의 행태 속에서 우리 아이들의 마음엔 불신과 분노가 가득 차 있다.

12월 3일 임용고사를 앞둔 네가 뉴스를 보다가 무심코 던지는 말.

"나도 얼른 시험 끝내고 촛불집회 참석해야지!"

공부 열심히 해서 훌륭한 사람 되라고, 열심히 하면 좋은 날 있을 거라는 말을 진실로 믿으며 긴 시간 인내하며 수험생활을 해온 너희들이 차가운 거리에서 촛불을 들게 해서 참 미안하다. 더 추악한 진실과 대면하기 전에, 대한민국호가 침몰하는 순간 골든타임을 놓치지 않도록 그 때까지는 어떤 결론이 나도 나겠지하는 막연한 믿음을 가져본다.

이형기 시인의 「낙화」가 떠오른다.

> 가야할 때가 언제인가를
> 분명히 알고 가는 이의
> 뒷모습은 얼마나 아름다운가?

지금
이 순간을
건강하게

이제 곧 수능이 다가오고 그리고 한 달 후면 교원임용고사도 치러지겠네. 많은 수험생들이 수능과 교원임용고사만 끝나면 해야지 하고 많은 일들을 미뤄두고 유보하면서 막바지 수험생활에 올 인하고 있겠지? 어젯밤에도 자다 깨어 화장실을 가다 보니 하루를 훌쩍 넘긴 시간까지 책상 앞에 앉아 있는 네 모습이 눈에 들어오더구나. 집중력을 높이기 위해 책상 앞 스탠드 불만 켜두고 기출문제를 풀고 있는 너를 보면서 만감이 교차하더라. 만성 피로가 겹쳐 입술은 부르트고 햇빛을 보지 못한 네 얼굴은 생기 없이 하얗기만 하지만 네 속은 까맣게 타들어가겠지. 그 옛날 엄마가 임용고사 준비할 때보다 훨씬 더 많은 노력을 하고 있지만 임용될 확률은 훨씬 줄어든 현실이 답답하기만 하네. 해마다 학생수 감소를 이유로 교사 정원을 대폭 줄이고 있어 교원임용고사도 다른 고시 못지않게 낙타가 바늘구멍 통과하는 것보다 힘들다는 말이 나오는 것 같다.

태평하게 잠만 잔 엄마가 미안해서 "그만 좀 자라. 건강을 잃으면 다 잃는다."했더니 "시험 끝나고 나면 그때 실컷 잘 거다."라고 하는데 문득 다사고 학생의 시가 떠오르더라.

내가 사는 시간은 현재이지만
항상 내 마음이 바라보는 곳은 다른 어딘가.

'다시 어릴 때로 돌아가면 공부 열심히 할 텐데.'
'중학교 때가 좋았는데'
'빨리 주말이 됐으면'
'수능 치면 못했던 거 다 해야지.'

정작 내가 살아가는 건 지금 이 순간인데
과거도 미래도 결국은 현재가 모여 생기는 것일 뿐인데
그렇게 다짐하고서도 어느 순간 또
다른 시간을 바라보고 있는 나

언제쯤 현재를 살 수 있을까
과거만 그리워하지도, 미래만 기다리지도 않고
온전히 현재를 살 수 있을까?

현재를 살고 싶다.

—신유정 「현재를 살고 싶다」

미래의 행복을 위해 현재의 행복을 유보해두고 있구나 싶더라. 그렇지만 하고 싶은 일이나 욕구는 유보해 둘 수 있지만 건강은 유보해 둘 수가 없다. 만성피로가 겹쳐 입 안에 염증이 자주 생기고 소화력이 약해져 조금만 기름진 음식을 먹어도 설사를 하는 너를 보면 교사라는 직업을 가지는 것보다 더 우선적으로 건강한 몸을 만드는 것이라는 생각이 든다.

『잠수종과 나비』라는 책과 영화를 기회가 되면 꼭 찾아봐.

프랑스의 유명 패션잡지의 편집장으로 출세가도를 달리던 주인공이 한순간에 식물인간이 되어 버린 이야기다. '감금증후군'으로 온 몸이 마비되어 움직일 수 있는 거라곤 왼쪽 눈꺼풀뿐이고, 의식은 정상적으로 유지되는 주인공은 자신을 '잠수종에 갇힌 나비'라고 표현한다. 왼쪽 눈꺼풀만 20만 번을 깜빡여 자신의 이야기를 책으로 남긴다. 그가 쓰러지기 직전을 회상하는 장면에서 "정상인으로서의 마지막 잠을 자고 눈을 떴으면서도, 그것이 행복인지도 모르는 채 오히려 툴툴거리며 일어났던 그 아침을 어떻게 말로 표현한단 말인가?" 영원할 것이라 믿었던 것들이 어느 순간 사라지고 난 뒤에 후회하면 아무 소용이 없다는 사실 앞에 지금 이 순간의 소중함과 함께 건강한 몸에 대해 다시 생각해 보게 된다.

지금 이 순간을 건강하게! 건강을 잃으면 다 잃는다!

일단 푹 쉬며 결과를 기다리자

2016년 12월 3일 토요일!

전국 16개 시도교육청 주관 2017학년도 중등학교교사 임용후보자 선정경쟁 시험이 치러진 날이다.

지역교육청, 교과별 편차는 있지만 작년보다 대체적으로 교사 선발 인원이 줄었더라. 학생 수의 감소로 교사 수를 자꾸 늘일 수 없다는 걸 알지만, 학급당 학생수가 30명을 훌쩍 넘고, 징교사 기준 1인당 학생 수가 OECD 회원국 평균보다 높은 현실을 감안하면 청년 일자리 창출의 측면에서도 신규교사 임용 인원을 더 늘여야한다고 생각한다.

대구시교육청도 작년에는 국어과 20명을 뽑았는데 올해는 12명으로 줄어 내심 걱정을 하고 있었다. 그래도 몇 번을 도전하더라도 너와 나의 꿈인 대구시교육청 소속 모녀 국어 교사가 되기 위해서는 당연히 대구에 응시할 거라고 생각하고 있었다.

그런데 한 달 전, 지도 교수님과의 면담 후 네가 국어 교사 인원을 더 뽑는 세종특별자치시에 내고 싶다고 말했을 때 너의 선택을 존중한다고 말은 하면서도 마음속으로는 썩 내키지 않았다. 대구에서 태어나 한 번도 대구를 벗어나 생활해보지 않은 우물 안 개구리 같은 엄마에게 세종시는 너무나 낯설고 두려운 지명이었다. 말로는 늘 변화하고 도전적으로 살아야한다고 말하면서 엄마 마음속에는 안정된 생활에 대한 욕구가 더 강하구나 생각했다. 이런 나와 달리 너는 씩씩하게 새로운 도시에 가서 살아보고 싶다면서 과감히 원서를 내더구나.

대구에서 2시간 30분 거리인 세종시까지 시험 당일 새벽에 출발하자고 하니 혹시 눈이라도 오면 어쩌나? 마음이 불안해 시험장도 확인할 겸 시험 전날 친구랑 가고 싶다고 했지. 엄마는 네 마음이 편한 게 가장 좋다 싶어서 하루 일찍 가도록 허락했다. 그런데 문제는 계획도시인 세종시에 숙박업소가 하나도 없다는 것이었다. 최근에 생긴 찜찔방이 하나 있지만 내일 시험을 치러야 할 딸을 그곳에 재울 수는 없어 고민하던 중 아빠의 친구 후배가 자기 집에 머물러도 좋다는 소식을 전해왔다. 시험장 바로 앞 아파트라 걸어갈 수 있는 거리인 것만도 좋은데 공무원인 남편과 중학교 음악 교사인 아내의 고향도 대구라고 동향의 후배를 위해 흔쾌히 방 한 칸을 내어준다는 말을 듣고 얼마나 고마웠는지 모른다.

금요일 저녁 엄마 아빠가 근무를 마치고 대구를 출발해 그 집에 도착했을 때는 10시를 훌쩍 넘긴 시간이었지. 차 한 잔을 나누고, 낯선 집인데도 편하게 시험 치러 갈 수 있다고 환하게 웃는 너와 네 친구를 남겨두고 엄마는 가벼운 발걸음으로 나왔다. 그리고 30분 거리의 유성온천에 숙소를 잡았을 땐 자정을 훨씬 지난 시간이었다.

시험일 아침 전화로 너를 깨웠더니 편하게 잘 잤다면서 목소리가 밝아 참 안심이 되었다. 시험장에 무사히 입실했다는 너의 문자를 받고서야 우리는 아침을 먹고 인근 동학사를 찾았다. 딸의 임용시험 핑계로 유성온천에서 온천욕하고, 동학사 산책까지 하며 둘만의 여행을 즐겼다. 계곡을 따라 20여 분 올라가는 동안 주말이라 가족 단위 관광객이 눈에 띄더라. 어린 딸아이를 사이에 두고 걸어가는 젊은 부부를 뒤따라 걸으며 우리도 추억을 더듬어 네가 우리의 딸로 와 준 순간까지로 거슬러 올라가게 되더라.

엄마가 24살 봄에 결혼하고 두 달 만에 임신 소식을 확인했을 때 엄마는 펑펑 울었다. 기쁨의 눈물이 아니라 당혹스러움의 눈물이었다. 3월에 신규 발령받아 5월에 결혼하고 7월에 임신이라니! 숨 가쁘게 진행되는 일련의 의식들이 감당하기 힘들었고, 신혼을 좀 더 즐기고 싶었던 엄마에게 임신 소식은 반갑지만은 않았다. 친구들보다 이른 결혼에 임신까지 했다니 왜 그리도 부끄럽던지, 매일 아침 배불러오는 모습을 거울에 비춰보며 눈물 흘렸단다. 철없는 엄마가 너의 존재를 기쁘게 받아들이지 못했던 것 같아 지금 생각하니 너한테 참 미안하다. 하지만, 네가 세상 바깥으로 나온 이후로 엄마는 이 세상 그 누구보다 너를 사랑했고 정성을 쏟았다. 출산 휴가 끝내고 양육을 맡아 주신 손윗동서에게 너를 맡기고 돌아오는 차 안에서부터 흘린 눈물과 워킹맘의 애환은 다음에 들려줄게.

누군가 나에게 살아오면서 가장 잘한 일이 뭐냐고 물은 적이 있었다. 그때 조금의 망설임도 없이 "내 딸, 아들의 엄마가 된 것"이라고 답했다. 진심으로 엄마는 24년 동안 너와 함께 성장하며 부모가 된다는 기쁨을 만끽했다. 자식 자랑은 팔불출이라는데 그래도 너는 엄마의 자랑이다. 한 번도 부모 속상하게 하는 일 없이 중2병 한 번 겪지 않고 속 깊은 딸로, 엄마의 마음을 가장 잘 헤아리는 친구로 잘 자라줘 참 고맙다. 열린 문틈으로 따뜻한 햇살이 쏟아지는 동학사 대웅전에 앉아 엄마는 참 많은 생각을 하며 고맙다

고맙다를 되뇌이며 딸에게 응원의 기운을 보냈다.

시험이 끝날 시간에 맞춰 시험장을 찾았을 땐 이미 많은 부모님들이 초조한 표정으로 기다리고 있더라. 2시 20분 시험이 끝나고 수험생들이 쏟아져 나오고 먼저 나온 여학생 한 명이 기다리던 부모를 보자마자 눈물을 쏟아내더라. 울음의 의미가 무엇인지 알 수는 없지만 만감이 교차해 보고 있던 나도 눈물이 주르륵 흘렀다. 잠시 후 나온 너는 "엄마! 울었어? 나보다 엄마가 더 긴장하고 고생한 하루였다." 하면서 생긋 웃는데 어찌나 고맙고 대견한지 그냥 말없이 꼭 안아줬지.

사랑하는 딸아!

이제 주사위는 던져졌다. 내년 1월 3일 결과가 발표될 때까지 피 말리는 시간이 되겠시반 그 시간도 즐기렴. 어제는 유홍준의 나의 문화유산답사기를 펼쳐들고 세상에서 가장 편안한 자세로 침대에 누워 있는 너의 모습을 보았다. 얼마나 달콤한 휴식일까? 그동안 미뤄뒀던 하고팠던 일들을 하고 여행도 하면서 즐겁게 시간 보내렴. 고생 많았다. 이번 주말에는 네가 먹고 싶다는 삼겹살에 소주 한 잔 먹으러 가자.

여럿이
함께
한 걸음을

오늘은 교사로 발령받았다는 것을 가정하고 학교 현장의 이야기를 해보도록 할게. 신규 임용되어 교단에 처음 나오는 선생님들을 보면 갓 졸업한 선생님부터 10년 만에 합격했다는 인간 승리의 유형까지 다양하단다. 낙타가 바늘구멍을 통과했으니 그 기쁨을 어찌 말로 다 표현하겠니? 돌이라도 씹을 것처럼 힘이 넘치고, 쇠라도 녹일 것처럼 열정으로 활활 타오르는 신규 교사! 아이들로부터 듣는 '선생님' 소리가 어색하면서도 달콤하게 와 닿을 거야. 하지만, 긴 시간이 지나지 않아 얼굴빛이 달라지고, 교직생활에 회의감을 가지는 경우를 봤어. 교실에서 만나게 되는 아이들의 모습은 시시각각 변하는 존재라 어떤 변수가 생길지 예측 불가능하단다. 수업 중 자는 것을 깨웠다고 쌍시옷 욕을 내뱉는 아이, 내 아이의 말만 듣고 교사에게 폭언을 일삼는 학부모라도 만나게 되면 교사의 자존감이 땅에 떨어진다. 공무원 연금이 개정되면서 신규교사들은 국민연금 수준으로 받게 된다하고 초임 봉급 또한 그렇게 많은 편이 아니다. 낯선 공문서 해독부터 교육활동 기획까지 누구 한 사람 친절하게 가르쳐주지 않으면서 기한 내에 일처리를 해야 하는 심리적 압박감으로 잠을 이루지 못하는 날도 있을 거야. 거기다 교사 집단을 바라보는 사회의 시선도 곱지만은 않단다.

요즘은 신규교사 멘토링 제도가 그런대로 갖춰져 있어 1 대 1 멘토에게 도움을 요청해도 되고 학교에서도 신규교사에 대해 여러 가지로 배려하는 분위기이긴 하지만 그래도 초임 교사의 학교생활 만족도는 그리 높은 편이 아니란다. 그럴 때 책과 동료들로부터 힘을 얻었으면 좋겠다. 혼자 가는 열 걸음보다 여럿이 함께 가는 한 걸음이 훨씬 덜 외로울 테니까!

교사로 발령 받으면 이러저러한 모임이 많이 만들어질 거야. 함께 발령받은 동기들끼리 모임을 만들어 서로 애로사항을 나누며 정을 쌓기도 하고, 동 교과 선생님들과 협의회도 하고, 같은 학년 담임을 맡은 선생님들끼리 해가 바뀌면서 친목을 도모하는 여러 모임들이 결성될 거야. 엄마는 사람들과의 만남을 통해 에너지를 얻는 편이라 많은 모임을 해 왔지만 밥만 먹고 수다 떠는 모임은 생명력이 짧은 것 같아. 그래서 딸은 모임을 만들어갈 때 책을 매개

사제동행 책 대화

로 해 보면 어떨까 싶어. 국어 교사는 단순한 취미와 교양을 위한 교양 독서의 수준에서 벗어나 범교과 영역의 독서가 필요하거든.

혼자서 책 읽고 사고하는 것도 좋지만 하나의 책으로 여러 명이 모여서 즐겁게 읽고 자유롭게 이야기 나누는 책 수다 활동을 통해 얻을 수 있는 것이 더 많은 것 같아.

동료들과의 책 수다 활동으로 엄마가 행복했던 경험을 들려줄게.

2009년 대진고에서 교사 5명과 학생 5명으로 구성된 독서토론 모임을 만들었어. 교육청 지원금 100만원으로 각자 읽고 싶거나 추천하는 도서를 구입하여 읽고 자유롭게 얘기 나누었다. 저자 초청강연회에 참석하여 저자와 질의응답의 시간을 갖기도 하고 '아바타' 영화를 함께 보기도 했다. 독서 편식이 심한 엄마가 절대 읽지 않을 것 같은 책 『죽은 경제학자의 살아있는 아이디어』, 『죽음의 수용소에서』 등은 아직까지 문득문득 생각이 나곤 한단다. 사회과 2명, 국어과 2명, 진로상담 1명의 교사가 각자 전공 관련된 내용에 대해 심도 있게 설명해주니 혼자서 읽는 것보다 훨씬 이해가 잘 되었고, 학생들과 사제 동행으로 함께 하는 것도 참 의미 있었단다. 교사와 학생이라는 벽을 허물고 솔직하게 마음을 드러내고 상대방의 말에 귀를 기울이면서 아이들과 함께 성장하는 경험이었다.

사제 동행 책 수다의 재미는 맛집에서 친한 친구와 수다를 떨거나 영화를 보는 것과는 또 다른 재미를 선사한다. 같은 책으로 읽다보면 서로의 생각이 부딪히는 지점이 있다. 나와 다른 너의 생각이 부딪히면서 우리의 생각을 만들어내고, 나와 다른 너의 생각을 받아들이고 절충하면서 나의 마음과 생각이 넓어지는 것은 책 수다를 통해서만 얻을 수 있는 짜릿한 경험이다.

독서실 칸막이 사이에서 외롭게 혼자 공부하는 것에 익숙한 딸이 책을 매개로 여러 사람들과 함께 경험을 나누고 인생 공부하는 즐거움을 만끽해 보길 권한다. 그리고 덤으로 동참하는 사람의 삶과 생각에 대해서도 잘 알게 되어 한 권의 사람책을 읽는 효과도 있단다. 정현종 시인의 「방문객」처럼 인연이 닿은 사람들 일생 속으로 방문하여 함께 읽고 질문하며 그 사람을 읽어가는 소중한 경험을 쌓아가길 권한다.

사람이 온다는 건
실은 어마어마한 일이다.
그는
그의 과거와
현재와
그의 미래와 함께 오기 때문이다.
한 사람의 일생이 오기 때문이다.
부서지기 쉬운
그래서 부서지기도 했을
마음이 오는 것이다— 그 갈피를
아마 바람은 더듬어볼 수 있을 마음.
내 마음이 그런 바람을 흉내낸다면
필경 환대가 될 것이다.

—정현종 「방문객」

첫인상이 성패를 결정짓는다

언젠가 읽은 『첫인상 5초의 법칙』에서 사람을 처음 만나 첫 인상을 결정짓는 데 걸리는 시간이 겨우 5초 내외라네. 그 짧은 시간에 습득된 정보에 의해 첫인상이 결정되고, 부정적인 첫인상을 받았다면 한 번 이미지화된 그것을 만회하는 데 약 40시간 이상이 필요하대. '초두효과'라는 용어도 상반되는 정보가 시간 간격을 두고 주어지면 정보처리과정에서 초기정보가 나중에 제시된 정보보다 더 큰 영향력을 발휘한다는 뜻으로 흔히 이미지 형성에 첫인상이 중요하다는 뜻으로 자주 이용된다.

첫인상은 표정, 헤어스타일, 패션, 말투, 보디랭귀지 등 여러 가지 복합적 요인에 의해 결정되지만 그 중 가장 중요한 것은 얼굴 표정이라네. 어느 조사기관에서 직장인 남녀 800명을 대상으로 첫인상을 결정하는 가장 큰 요인이 뭐냐 물으니 74%가 표정이라 했단다. 환하게 웃는 인상과 친절이 몸에 밴 스마일 형이 가장 좋은 첫인상이래. 앞으로 많은 학생들 앞에 서게 될 때 첫인상이 좋은 선생님이 되도록 노력했으면 좋겠다.

얼굴은 얼과 꼴을 합친 '얼꼴'에서 나왔다. 영혼의 생김새라는 뜻을 가진 얼굴, 그 영혼의 생김새는 이목구비가 아니라 표정을 통해 드러나게 되니 이목구비만 예쁘다고 해서 첫인상이 좋은 것은 아니다. 본인의 부정적인 마음 상태를 있는 그대로 표정으로 드러내면 주변 사람들이 불편할 수 있단다. 거울을 가까이 두고 자주 자신의 얼굴 표정을 살피며 웃는 인상을 만들어가렴. 화나고 속상한 일이 생겨 얼굴 근육을 의식적으로 통제하기 힘들 땐 좋아하는 음악을 들으며 마음을 정돈한 후 다음 상황에 대처하면 좋겠다.

엄마가 왜 딸에게 첫인상에 대해 이야기를 꺼냈느냐하면 엄마가 첫인상 관리에 실패한 경험이 있기 때문이야. 초임 교사 시절 학생들에게 얕잡아 보이지 않으려고 쓸데없이 인상을 쓰고 근엄한 표정을 지었어. 날이 갈수록 초임 시절의 열정은 사라지고 수업과 잡무에 지치고 결혼, 육아로 인한 스트레스가 가중되니 십여 년 사이에 표정은 점점 어두워지고 인상을 쓰는 일이 잦아지더구나. 어느 순간 학생들 사이에서 근엄한 표정, 똑 부러지는 말투 탓에 무서운 선생님, 원리원칙주의자라는 다소 애매한 평가가 따라다니더라. 젊

음만으로 예쁜 시절에야 어떤 표정을 짓든 상관없지만 중년의 나이에 접어들고 보니 나의 얼굴 곳곳에 표정주름이 자리 잡는데 양미간 사이에 깊게 패인 주름을 볼 때마다 예민하고 날카로워 보여 첫인상 관리에 소홀했던 지난날이 떠올라 후회가 된단다.

엄마의 지인 중에 만나는 사람마다 첫인상이 좋다는 얘기를 듣는 선배가 있어. 50대 중반을 넘긴 나이에 언제나 입 꼬리를 올리고 얼굴 전체로 환하게 웃는 그 선배를 보면 덩달아 기분이 좋아지고 사람들도 그를 편하게 대하는 게 눈에 보이더라. 선배를 알게 된지 10년쯤 됐는데 첫 만남의 어색함을 털어버리게 하는 그 매력적인 첫인상을 나도 닮고 싶어졌어. 그래서 평소 잘 보지 않던 거울을 책상 위에 2~3개씩 올려두고 자주 표정을 비춰보았고, 나의 마음 상태가 표정으로 드러나지 않도록 마인드 컨트롤을 하려고 애를 썼어. 화가 나면 복식 호흡도 하고 의도적으로 입꼬리를 올리며 표정 관리를 했더니 요즘은 처음 만나는 사람들에게서 첫인상이 좋다는 말을 자주 듣는단다. 엄마가 한참 세월이 지난 뒤에 깨달은 것을 우리 딸이 미리 알고 있다면 좋겠다 싶어서 말해준다.

첫인상 관리를 위해 얼굴 표정 못지않게 중요한 것이 시간 관리라고 생각해. 약속 시간에 늦은 시간만큼 첫인상은 구겨진다고 봐.

출근 시간에 늦어 허둥대느라 분주하고, 수업 종이 치고도 늦게 들어가고 마침 종 울리기만 기다렸다는 듯이 일찍 교실 문을 나가는 교사의 모습 학생들에게 어떤 인상을 줄 것인지 감 잡았지?

언젠가 얼굴 표정 때문에 오해를 많이 받는 여학생이 쓴 시 「화상 입은 내 눈」을 옮겨볼게.

나를 처음 본 선생님들
출석 부를 때마다 하시는 말
"니 째려보지 마라."

나를 처음 본 친구들
놀다가 갑자기
"니 왜 자꾸 정색하는데?"

나를 처음 본 옆집 할머니
엘리베이터 내리면서 하시는 말
"어른들 그렇게 보는 거 아이다."

나를 처음 본 사람들이 입힌
흉터 남는 화상들
"니 표정 왜 그런데?"

내 마음은 그게 아닌데

나를 안 좋게만 보는 사람들
내 눈이 화상 입은 듯
자꾸만 뜨거워진다.

교사가 된 너의 첫인상은 어떨까?

사회생활의 성패를 결정하는 첫인상 5초의 법칙과 약속 시간 잘 지키기로 첫인상이 좋은 사람이 되었으면 좋겠다.

3부

달님, 달님!
소원 들어 주세요

어리다고 놀리지 말아요!

"설마 그런 일이 있을라고?"

"아니 땐 굴뚝에 연기 날까?"

"세상에 이런 일이!"

모 방송사가 10월 24일 국정농단 최순실 사태 의혹의 결정적 증거가 담긴 태블릿 PC를 단독 보도하며 온 국민이 충격의 도가니에 빠졌다. 보도가 가져올 파급력과 함께 사람들에게 치유하기 어려운 상실감을 던져줄 것이니 이후 방송사 기자들의 태도가 중요하다며 자중 또 자중하자고 당부하는 앵커의 모습을 보며 저것이 진정한 언론의 참모습이며 리더의 태도라고 생각했다.

'설마 그럴 리가?'하며 믿고 싶지 않은 국민들 앞에 대통령의 90초짜리 녹화 사과와 연이은 2차 사과는 성난 민심을 달래기는커녕 불난 집에 기름을 붓는 꼴이 되었다. 그동안 침묵하던 다른 언론사

들까지 가세하여 최순실 국정 논단 사례들을 연일 보도하여 도대체 그 끝이 어디인지 가늠할 수 없어 더더욱 사람들을 좌절과 무력감에 빠뜨리고 있다. 대통령에 대한 지지율과 국정 운영 신뢰도는 역대 최저치를 경신하고 콘크리트 지지율로 애정을 보내던 노년층과 영남권마저 무너졌다.

매일 밤 JTBC 뉴스를 보기 위해 모임도 일찍 파하고 집으로 달려오는 나에게 네가 물었지.

"엄마, 수업 시간 학생들의 반응은 어때?"

너의 예상대로 고등학교 2학년 학생들도 이건 말이 안 되는 상황이라고 생각한다. 보이지 않는 줄에 의해 조종당하는 마리오네트 대통령을 보면서 탄핵과 하야라는 단어들을 자연스럽게 입에 올린다. 요 며칠은 수업 들어가기가 참 난감하다. 세월호 참사가 발생하고 대통령의 7시간 공백에 대해 개인의 사생활로 치부해 끝내 밝히지 못하고, 유병언의 사망으로 사건이 마무리되는듯한 일련의 과정들 속에서 아이들과 만나는 수업 시간이 참으로 부끄러웠던 기억이 떠오른다. 아이들의 눈을 똑바로 쳐다볼 수가 없어 일부러 회피하며 교과서 진도만 나가고, 세월호 계기수업을 소신 있게 진행하는 동료의 용기를 마냥 부러워하기만 했던 지난 시간이 되살아나기 때문이다.

아이들이 쏟아내는 폭풍 같은 질문에 답하기도 어렵고, 자칫 순진한 학생들을 의식화시킨다는 외부의 화살을 맞을까봐 두려워 나의 내부에서 먼저 자기 검열을 해버리는 내 모습이 부끄럽기 때문이다.

세월호 참사 이후 또 이렇게 부끄러운 어른들의 모습을 보는 우리 아이들은 오늘을 어떻게 기억할까? 이 시대 언론의 역할에 대해 자조 섞인 KBS 노조의 담화문 기사를 보면서 이 시대 우리 교사의 역할은 무엇이어야 하는가 자문할수록 가슴이 답답해진다.

올해 학교를 옮기고 집에서 받아보는 신문을 가져와 자습 시간 읽고 아이들 보라고 교탁 위에 올려두고만 나왔는데 이번 주부터는 아이들과 함께 신문의 주요 기사를 함께 훑어본다. 그러면 아이들은 지난 밤 자신들이 검색한 뉴스 내용들을 이야기한다. 최대한 감정을 자제하고, 옳다 그르다 가치 판단도 가급적 자제하며 이런 일이 있다하고 브리핑만 해 주려고 애쓰고 있다. 텔레비전 뉴스나 신문 기사를 접할 시간적 여유가 없는 학생들에게 우리가 사는 세상에서 오늘 현재 이런 일이 일어나고 있다는 것을 알려주고 친구들과 함께 이야기 나누며 의견 조율의 과정을 거쳐 자신의 생각을 만들어가도록 이끄는 것도 교사의 역할인 것 같다. 단, 진보와 보수의 색깔이 비교적 선명한 우리나라 신문사의 현실을 고려할 때

청소년의 눈에 비친 세상

한 쪽의 의견만 보지 말고 같은 사안에 대해 다양한 관점을 접하면서 균형 잡힌 시각을 가지도록 지도할 필요가 있다.

이번 주 독서와 문법 시간 담화 단원을 배우면서 사회, 문화적 맥락을 고려한 광고 구상하기를 모둠 활동으로 진행하고 있다. 4명이 한 팀으로 주제를 구상하고 B4 용지에 8컷 장면으로 표현하는 활동을 하고 있다.

아이들과 자습 시간 최순실 국정농단 사태에 대해 대화를 나눠보면 정치, 사회 현실에 무관심한 어른들보다 훨씬 더 정확하게 보고 있는 경우가 있다. 철저하게 정치적 이익을 계산하는 정치인이나 정신 건강에 해롭다고 뉴스 보기조차 외면해 버리는 어른들도 있는데, 오히려 자신들이 학교에서 배운 지식과 너무 다른 현실에 분노하여 대통령 하야와 탄핵의 팻말을 들고 광화문 집회에 참여한 중고생들이 훨씬 더 순수하게 현 사태를 보고 있다는 느낌마저 든다.

"능력 없으면 니네 부모를 원망해. 돈도 실력이야. 남의 욕하기 바쁘니 아무리 다른 거 한들 어디 성공하겠니?"

어쩌면 최씨의 딸 정유라의 이 말과 입시 비리를 눈감아 준 학교와 대학교수들이 이들을 더욱 자극했는지 모른다. 하루의 대부분 시간을 학교와 학원을 오가며, 친구와 즐기고 싶은 현재의 행복도 대학 들어간 이후로 유보하며 힘겨운 터널을 지나고 있는 청소년들에게 대통령과 기성세대들은 엄청난 상처를 안겨줬다.

"어리다고 놀리지 말~ 아요!"

갑자기 이 노래 구절이 생각난다. 우리 학생들은 결코 어리지 않다! 이런 시국에 광화문에서 대통령 지지 시위하는 무리의 플래카드를 사진 촬영했다고 집회 참가 여고생의 빰을 때렸다는 엄마부대 대표의 기사를 접하며, 엄마라는 이름을 저렇게 함부로 쓰도 되나 싶은 마음이 들어 불쾌하기 그지없다.

"우리가 교과서에서 배운 민주주의는 어디로 갔나요? 이 나라의 대통령은 진정 누구입니까?" 진지하게 물어오는 우리 학생들에게 더 깊은 상처를 주는, 나쁜 어른이 없었으면 좋겠다.

'하열' 한 그녀들 때문에

"영어의 몸으로 공항 장애가 있고 건강또한 좋지 않습니다."

이 문장은 국정농단 의혹의 핵심 최순실 씨가 지난 12월 7일 열린 '최순실 게이트' 진상규명을 위한 국정조사 2차 청문회 출석 거부 사유서에 자필로 적은 문구라는 것, 너도 뉴스를 통해 알고 있지?

최순실 일가와 이번 사태의 핵심 인물들이 대부분 청문회에 나오지 않고 각양각색의 이유 대는 것을 보며 실소를 금할 수 없었지만, 알맹이 없는 청문회가 될 것이라고 예상했던 상황이라 새삼 놀랍지 않았다.

그런데 엄마는 최순실이 직접 작성한 불출석 사유서의 맞춤법과 띄어쓰기가 엉망인 것을 보고 정말 공황 장애가 오더라. '공항 장애는 뭐지? 외국 여행을 다니며 공항을 자주 이용해서 헷갈렸나? 혹시 공황 장애의 뜻을 알기는 한 걸까?' 의아했는데 그 뒤의 '건강또한'을 보는 순간 띄어쓰기도 제대로 모르는 사람이구나 싶더라. 대통령을 꼭두각시로 만들고 국정 농단의 핵심으로 전 국민적 관심의 대상이 된 사람이 청문회 불출석 사유서를 작성한 후 퇴고 한 번하지 않았다는 사실이 놀랍다. 그것도 대통령의 연설문 수정까지 하고 재벌들의 호주머니에서 큰돈을 훑어냈다는 사람이, 이 정도의 맞춤법과 띄어쓰기 실력을 가진 사람이란 말인가? 처음엔 어이가 없고 헛웃음이 나더니 점점 감정이 눈덩이처럼 커져 분노가 치밀더라.

한술 더 떠 그녀의 조카인 장시호는 워드로 작성한 불출석 사유서에 자필로 '심한 하열과 통증(수술 부위)'이라고 썼다. '하혈'이라는 단어의 오기인 듯하나, 자필로 몇 글자 쓰지 않은 부분에서 오류가 발견되니 연세대를 실력으로 입학했다는 그녀의 말이 무색해진다. 하필이면 그녀가 사용한 '하열'은 '하열하다'의 어근으로 '행동이나 생각이 천하고 비열하다'는 뜻을 가진 형용사다. 심한 하열? 맞춤법 오기가 단순한 실수가 아닌 것처럼 묘하게 뜻이 어울리면서 그동안 드러난 천하고 비열한 그녀들의 삶을 대변해 주는 말이 되어버렸다.

“돈도 실력이다. 능력 없으면 니네 부모를 원망해.”라고 올려 지탄을 받았던 정유라 SNS 내용을 캡처한 기사를 엄마랑 함께 본 것 기억나지? 그녀의 하열한 생각이나 가치관을 비판하고 싶은 마음은 애초부터 접었고, 국어 선생의 직업병인지 맞춤법과 띄어쓰기가 엉망인 것이 눈에 들어오더라.

“앗! 첨부 파일이 없습니다. 다시 보내주면 감사하겠습니다.”로 유명해진 이화여대 체육과학부 교수의 친절한 메일에 첨부된 정유라의 부실한 리포터도 참 가관이었지. 해석조차 안 되는 오타 투성이, 틀린 맞춤법, 곳곳에 적혀 있는 비속어까지 담겨있는 보고서를 끝까지 읽으며 첨삭지도까지 해주고 학점을 부여했다니 이들은 도대체 어느 시대, 어느 나라에 살고 있는 사람일까? 문득 내가 그들과 다른 세계에 살고 있는 게 아닌지 헷갈린다.

우리나라 최고 대학이라 불리는 연세대와 이화여대에서 이런 수준의 장시호와 정유라를 뽑기 위해 교수들이 조직적으로 입시 부정을 저지르고, 온갖 특혜를 제공했으니 국민적 분노가 이는 것이 어쩌면 당연한 지도 모른다. 맞춤법, 띄어쓰기조차 틀리는 최순실에게 연설문 수정을 맡기고 국정을 의논했다는 대통령, 이런 사람들에게 아무런 대가없이 몇 백 억 원을 갖다 바치는 재벌들을 상식적으로 도대체 어떻게 이해해야 한단 말이니?

9명의 대기업 총수가 참석한 국정조사 청문회는 국내 간판재벌인 삼성이 정유라에 대한 특혜지원과 삼성물산·제일모직 합병과정 의혹 등으로 인해 집중 도마 위에 올라 이재용 청문회였었지. 뉴스에서 그 장면을 보다가 가장 눈길을 끄는 부분이 삼성반도체 공장에서 일하다 급성 백혈병으로 24세에 사망한 황유미씨 보상금으로 삼성이 500만원을 내밀었는데, 정유라에게는 300억 원을 지원 약속했다는 것이다. 본인은 그 사실을 몰랐다면서 아이 둘 가진 아버지로서 가슴이 아프다는 이재용의 말이 전하는 공허함과 무미건조함에 전율이 일더라.

국어 교사를 꿈꾸는 딸아!

언젠가 평생을 문맹으로 살다 뒤늦게 글을 깨친 할머니가 아들에게 쓴 글을 읽은 적이 있다. 삐뚤빼뚤 글씨체로 쓴 그녀의 글에서는 맞춤법, 띄어쓰기가 틀린 곳이 있어도 못난 부모여서 미안하다는 진정성이 있어 읽는 이에게 감동을 주더라.

사람의 말과 글에서는 진정성과 사람의 향기가 났으면 좋겠다. 너도 SNS에 글을 올릴 때는 맞춤법과 띄어쓰기를 의식하며 진실하게 써야 한다. 실수와 실력 없음의 차이는 종이 한 장 차이일 수 있다는 생각으로 늘 자신의 말과 글을 정확하게 구사하려고 노력하자. 국어 선생이라고 맞춤법과 띄어쓰기를 완벽하게 잘하는 것은 아니지만 최소한 지키려고 애는 써야 한다는 뜻이야.

말이 가진 무게보다 글이 가진 무게가 무겁다는 것은 흔적이 남기 때문이란 거 알지? 지금의 생각으로 쓴 나의 이 글도 먼 훗날 나의 발목을 잡아 곤혹스러움을 안겨주는 건 아닐까 염려되기도 한다. 특히, 이번 편지에서는 맞춤법과 띄어쓰기에 대해 말했으니 나도 틀린 곳은 없는지 읽고 또 읽어보게 된다. 하열한 그녀들처럼 되지 않으려고…….

달님, 달님! 소원을 들어 주세요

정규수업이 끝나고 선택형으로 운영되는 방과후 수업시간에 '생글생글 신문 읽고 토론하기반'을 개설했다. 한국경제신문에서 발행되는 중고생 경제논술 신문을 읽고 시사 이슈가 되는 주제를 선정하고 자유 토론 또는 퍼블릭 포럼 디베이트로 운영하고 있다.

장미대선으로 문재인 대통령이 당선되고 난 다음 날, 강좌를 듣는 아이들에게 포스트잇 한 장씩 나눠주고 너희들에게 만약 투표권이 주어졌다면 대통령으로 누구를 뽑을 것이며 그 이유도 함께 적어보라고 했다. 청소년 5만 1000여 명이 참여한 청소년 대선 모의투표 결과를 신문에서 보고 난 뒤라 우리 학교 아이들의 생각은 어떨까 궁금했기 때문이다.

전국 청소년 대선 모의투표 결과 1위 민주당 문재인 39.02%, 2위 정의당 심상정 36.02%, 3위 바른정당 유승민 10.87%, 4위 국

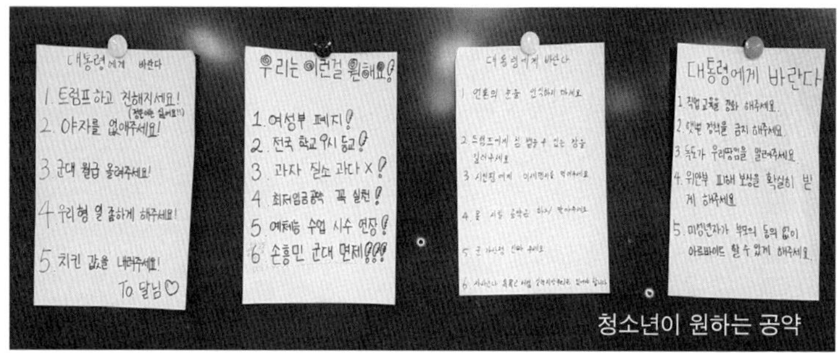

청소년이 원하는 공약

민의당 안철수 9.35%, 5위 자유한국당 홍준표 2.91%였다. 그런데, 뜻밖에도 내 강좌를 듣는 학생 17명 중 6명이 홍준표를 1위로 뽑았다. 이유를 살펴보니 자신의 부모를 비롯한 주변 사람들이 홍준표를 지지하고 있으며, 그의 당선이 대구 경제 발전에 유리할 것 같다가 압도적이었다. 문재인은 햇볕 정책으로 북한에다 퍼다줄 것이고, 유승민은 배신자라서 안 된다고 말한다. 보수 언론이 만든 프레임대로 인식하고 있으며, 부모들의 정치적 성향이 자녀들에게도 많은 영향을 끼치는 것 같다. 앞으로 투표권이 주어진다면 부모나 다른 사람의 생각이 아니라 공약집을 꼼꼼히 살펴보고 자신의 판단으로 뽑아야 한다. 가짜 뉴스도 많으니 언론의 이야기를 무조건적으로 받아들이지 말고 옥석을 구분할 줄 알아야 한다며 원론적인 이야기로 마무리 지었다. 선생님은 누구를 찍었냐는 물음에 "비밀~"하면서 웃음으로 얼버무리고 다음 활동으로 넘어갔다.

19대 문재인 대통령에게 하고 싶은 이야기를 모둠별로 토의한 다음에 B4 용지에 요약한 후 발표하게 했다.

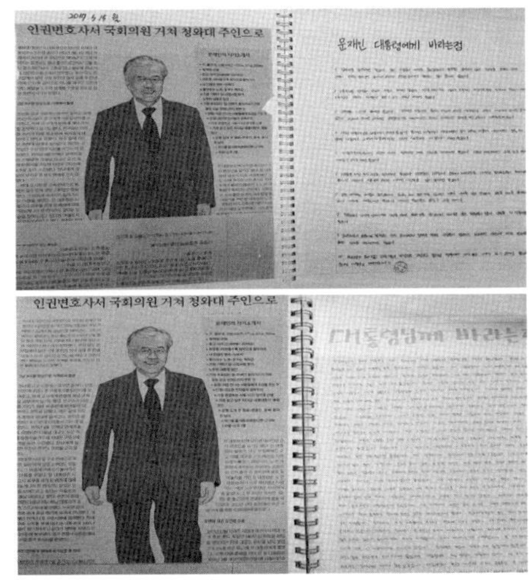

대통령에게 바란다

독도가 우리 땅임을 알려주고 위안부 피해 보상을 확실히 받게 해 달라, 트럼프에게 침 뱉을 수 있는 깡을 키우되 트럼프와 친하게 지내 달라, 시진핑에게 미세먼지를 먹이라, 우리 형 일 좀 하게 해 달라, 치킨 값 내려 달라, 군대 월급 올리고 군 가산점제 재도입해 달라, 야자를 없애고 예체능 수업 시수를 연장하며 전국 학교를 9시 등교하게 해 달라 등 다양한 의견들을 적었다.

발표 용지의 마지막에 TO. 달님이라고 썼길래 이게 뭐냐고 하니 문재인 대통령의 성이 문이기 때문에 달님이라고 썼다고 한다. 기발한 생각이라고 칭찬했더니 이미 인터넷상에서 회자되고 있다고 한다.

2학년 문학 수행 평가로 매주 생글생글 신문을 배부하고 7면의 시사이슈 찬반토론을 스크랩하고 찬성과 반대 중 마음에 드는 부분을 필사한 뒤에 자신의 생각을 적게 하는 활동을 하고 있다. 이번 주는 대선으로 인해 찬반토론 지면 내용이 없고 문재인 대통령의 라이프 스토리가 전면에 실려 있었다. “인권변호사에서 국회의원 거쳐 청와대 주인으로” 제목의 기사를 스크랩한 후 대통령에게 하고 싶은 이야기를 적도록 했다.

깨알 같은 글씨로 당선을 축하한다는 인사말부터 빠른 속도로 일처리하고 특히 세월호 기간제 교사를 순직 인정하라고 지시한 것이 가장 놀라웠다고 적었다. 영부인과 알콩달콩 사는 모습이 아름답다고 하는 아이들도 있었다. 새 대통령에게 바라는 바를 적는데 외교, 국방, 문화, 교육 등 다양한 분야에 관심을 갖고 있었다. 원자력 발전소를 더 이상 건립하지 말아 달라, 지역 간의 격차를 줄여 달라, 법을 강화해 잔인한 범죄가 더 생기지 않도록 해 달라, 10시 이후 학원 운영하지 않도록 강력하게 단속해 달라…….

저마다 진심을 다해 적은 글의 맨 마지막에는 처음 모습 그대로 국민들과 소통하는 대통령이 되어 아름답게 퇴임하는 모습을 보여 달라고 적었다. 이것은 이 시대를 살아가는 우리 국민 모두의 작은 바람이 아닐까 싶다.

달님! 달님! 국민들의 소원을 들어주세요.

7포,
N포 세대 없는
나라다운 나라!

「벚꽃엔딩」 노래를 흥얼거리게 하는 4월의 마지막 주에 3년간 공무원시험 준비를 하던 20대가 고속도로 휴게소 화장실에서 자살했다는 충격적인 사건을 들었다. 경찰 공무원 시험에 떨어지고 우울해하는 아들을 쉬게 하려고 부모님과 함께 고향으로 돌아오는 도중에 발생한 사건이라니, 막막한 미래를 두고 극단적 선택을 할 수밖에 없는 청년의 상황이 더 안타깝게 느껴지네.

한국고용정보원에 따르면 지난해 4년제 대학교 졸업 이상 청년층의 실업률은 전년 대비 2.0% 포인트 상승했다고 한다. 같은 기간 전체 청년실업률이 0.7% 포인트 높아졌음을 감안할 때 3배에 달하는 상승폭으로 고학력 청년실업이 갈수록 심화되고 있다. 청년실업률 통계에 잡히지도 않는다는 취업준비생과 공무원시험 준비생까지 고려하면 청년 넷 중 한 명은 실업자라고 하니 이런 세태를 반영하듯 백수 청년들의 절망감을 드러낸 신조어들 또한 쏟아져 나온다.

20대 태반이 백수라는 뜻의 '이태백', 연애와 결혼, 출산을 포기한 청년층을 뜻하던 '3포 세대'란 말은 이제 옛말이 되어버렸다. 일하고 싶어도 일할 수 없는 청년들의 절망감을 '이생망', 즉 이생에서는 망했다로 해석하고, 5포 세대를 넘어 7포 세대라 칭한다네. 딸은 이런 말 들어봤니? 7포 세대는 연애와 결혼, 출산, 내 집 마련, 인간관계, 취업, 희망을 포기했다는 의미란다. 스스로를 N포 세대라 칭하며 또 무엇인가를 더 포기해야 한다는 흙수저 백수 청년들의 자조가 내 나라를 헬조선이라 부르게 하는 것 같다.

이런 안타까운 뉴스를 접하는 날이면 엄마는 딸에게 전화를 걸어 니의 기분을 살피게 된다. 2월 사범대학을 졸업하고 임용고시에 합격하지 못한 너는 졸업과 동시에 고학력 백수가 되었다. 새 학기를 맞아 분주하게 출근 준비하는 나를 물끄러미 바라보면서 마땅히 갈 곳 없는 너의 처지를 한탄하듯 나도 일하러 가고 싶다고 부러워했었지? 3월부터 임용고사를 준비하는 친구들과 스터디 모임을 만들어 도서관에서 공부하며 다시 희망을 쌓아가는 딸이 그저 고맙고 또 고맙다.

4월 중순 경에 후배 교사로부터 급하게 국어과 시간 강사를 구하는데 딸이 할 수 있겠냐는 전화를 받았다. 시교육청 시간 강사 인력풀에 등재되어 있는 교사들 중에 찾고 있는데 근무 일수가 보름밖에 되지 않아 사람 구하기가 힘들다고 했다. 급하게 서류를 갖추어 인력풀에 등재하고, 너는 15일짜리 비정규직 국어 교사가 되었다. 계약서에 명시된 시간당 2만원의 급료가 많다고 놀라워하는 순진한 너를 보며 짧은 시간이지만 의미 있는 경험이 되길 진심으로 축복했다.

첫 출근했다 돌아온 날 저녁, 너는 흥분을 감추지 못하고 옷도 벗지 않은 채 수다를 늘어놓으며 행복해했었지? 무엇보다 학급당 인원수가 20명으로 학생들이 한 눈에 쏙 들어와 놀라웠다고 했다. 창의적이고 세계적인 기술 영재를 육성하기 위해 2008년 마이스터교로 지정된 모 공업고등학교는 선생님들도 교직 생활 중 한 번은 근무하고 싶다는 꿈의 학교로 불리는 곳이니 네가 느낀 놀라움을 이해하고도 남는다.

엄마가 올해 담임 맡은 학급은 여학생 42명으로 구성된 반이다. 아침 조례에 들어가면 지각생이 없는지 체크하는 데만 한참이 걸린다. 42명과 20명의 차이 말로 설명할 수가 없다. 정부는 인구 절벽으로 학생 수가 줄어 교사 정원을 더 늘리지 못한다고 말하지만 대도시의 학급당 인원수를 20명 수준으로만 줄여도 정규직 교사의 일자리는 얼마든지 늘릴 수 있다. 그렇게 20명 내외로 학급당 학생 수를 줄이면 교사와 학생간의 친밀도도 높아지고 소통과 공감의 문화가 형성되어 학생 문제 행동의 예방에도 도움이 될 것이다. 심각한 사회문제가 되고 있는 학교 폭력도 줄어들지 않을까 생각한다.

새벽부터 일어나 출근준비로 설레고, 초롱초롱한 눈망울로 수업듣는 학생들이 예뻐 죽겠다며 시간 강사 끝내는 것을 아쉬워하는 너를 보며 천생 교사다 생각했다. 너의 그 설렘과 열정이 식기 전에 꼭 교단에 설 수 있기를 응원할게.

어제는 어버이날이었다. 퇴근해 온 우리에게 네가 깜짝 선물을 내밀더구나. 골프를 즐기는 아빠를 위해서는 신크림을, 나한테는 은색 숄더백을 선물했지. 어림짐작으로 봐도 제법 값이 있어 보여 용돈도 궁할텐데 이렇게 비싼 선물을 했느냐고 물으니 너는 시간 강사 수당이 들어왔다고 그 돈으로 인간 노릇한다고 하더구나. 보름 동안의 시간 강사로 번 돈 100만원! 그것으로 하고 싶은 것도 많을텐데 부모님 생각하며 어버이날 선물을 정성스럽게 준비한 것을 보니 마음이 짠했다.

"엄마, 다음에 정규직 교사가 되어 월급 받으면 더 좋은 선물 사 줄게."

사랑하는 딸아!

5월 9일! 오늘은 엄마 아빠의 24주년 결혼기념일이다. 딱 지금의 네 나이에 엄마가 결혼할 수 있었던 것도 직업을 가졌기 때문에 가능했던 일이다. 결혼 석 달 만에 임신하고 두 아이를 낳아 엄마가 되고, 작은 집이지만 내 집을 마련하며 행복한 인생의 순간순간을 경험할 수 있었던 것도 일정액의 수입이 생기는 직업을 가졌기에 가능한 일이었다.

5월 9일 오늘은 대통령 선거가 있는 날이었다. 다섯 명의 유력 대권후보들이 앞 다투어 청년 실업을 해결하고 청년이 꿈꿀 수 있는 나라를 만들겠다고 공약을 내세웠다. 엄마는 오랫동안 지지하던 후보가 있어 망설이지 않고 사전투표로 의사 표시를 했다. 만약 누구를 뽑을까 고민하는 상황이었다면 엄마의 선택 기준은 청년 취업과 일자리 창출에 얼마나 의지를 갖고 있느냐로 판단했을 것 같다.

이 글을 쓰는 시간 19대 대통령으로 더불어민주당 문재인 후보가 당선 확실하다는 속보가 뜬다. 대통령 직속 일자리위원회를 만들어 공공 부문 일자리 81만개를 창출하고 청년구직 촉진 수당을 도입하고, 블라인드 채용으로 학벌과 성별에 따른 차별을 해소하겠다는 그의 공약을 굳게 믿어보고 싶다. 청년들의 꿈은 대한민국의 미래이고 희망이기 때문이다.

헬조선이 아니라 나라다운 나라에서 우리의 딸, 아들들이 7포 세대라는 단어의 의미를 모른 채, 직업을 갖고 연애하고 결혼하고 부모가 되고 내 집을 장만하며 행복한 꿈을 만들어가길 소망한다.

애들 데리고 토론 못하겠다구요?

미국을 방문 중인 문재인 대통령께서 6월 29일(현지 시간) 백악관 환영 만찬에 참석한다는 뉴스를 찾아 읽다 엄마의 시선이 오래 머무는 사진이 있었어. 영부인과 멜라니아 여사가 함께 걸어가는 뒷모습을 찍은 것이었지. 쪽빛 치마, 비취색 장옷을 입은 영부인의 모습에서 모델 출신의 젊고 화려한 멜라니아 여사가 입은 베이지색 원피스와는 또 다른 매력이 느껴져 탄성이 저절로 나왔어. 은은한 비취색 색감과 우아한 한복의 선이 어우러져 품격과 기품이 느껴졌어. 영부인의 이 한복이 문 대통령과 결혼할 때 친정어머니가 물려주신 옷감으로 만들었으며, 쪽물과 홍두깨를 이용한 전통방식으로 색감을 낸 것이라는 특별한 의미가 보태지니 한 번 더 눈길이 가더라. 옆에 앉은 동료 선생님이 사진을 보면서 "우와! 한복입은 영부인의 품격과 함께 국격이 올라가는 느낌이네." 한 마디 보태시네.

이 말을 듣는 순간 '인간의 품격은 어디에서 나오는 걸까?'하는 의문이 생기더라. 아름다운 옷차림과 외모도 중요하겠지만 그 옷을 입는 사람의 표정과 말투도 큰 몫을 차지하는 것 같아. 특유의 친화력과 외향적인 성격으로 유쾌한 정숙씨로 불리는 영부인은 이 날도 당당하면서도 기품 있고, 온화한 미소를 잃지 않으며 다정다감한 어투로 대화를 나누었다더라.

또한, 전직 주한 대사 부인들과 주한미군 부인들 모임인 서울 워싱턴 여성협회 간담회에 참석할 때 입었던 홍화물 들인 붉은 빛의 옷을 선물한 일화도 사람의 품격이 그냥 만들어지는 것이 아니라는 걸 보여주더구나. 토머스 허버드 전 주한대사 부인인 조앤 허버드 여사가 영부인의 한복 옷이 아름답다고 칭찬하며 관심을 보이자 한미동맹의 중요한 가교 역할을 했던 분에게 한국적인 옷을 선물하는 것도 의미 있는 일인 것 같다고 그 자리에서 옷을 벗어 선물했다네. 내조 외교니, 패션 외교니 언론에서 치켜세우지 않아도 이야기를 전해듣는 우리 마음에 잔잔한 물결이 일지 않니?

지난 주 3박 5일간 대통령의 미국 방문과 양국 정상회담 관련 뉴스들 사이에서 주목받는 또 한 사람이 있었지? 지난 대선에 출마해 온갖 막말을 쏟아내어 보수 지지층을 결집시키며 24%의 지지로 2위를 차지한 사람!

대선 당시 그는 "설거지는 하늘이 정해준 여자가 할 일"이란 여성 폄훼 발언에다 결혼을 반대한 장인을 20여 년 동안 집에 오지 못하게 하고 "영감탱이랑 돈 나눠 쓰지 말라"고 하며 장모에게만 용돈 줬다는 이야기, "부모님 상도 3년이면 탈상하는데 아직도 세월호 배지 달고" 등의 발언으로 듣는 사람을 거북하게 했었지. 심지어 대선 당시 일부 언론을 겨냥해 "××을 한다.", "집권하면 종편 4개 중 2개는 없애버리겠다.", "정권 잡으면 저 방송국부터 없애겠다."는 등 언론을 향해서도 거침없이 막말을 쏟아내며 날을 세웠지.

대선 패배 후 "그 사람들은 입이 백 개 있어도 할 말이 없다.", "어딜 감히 뚫어진 입이라고 함부로 그런 이야기를 하느냐?" 등 일부 친박계 인사를 겨냥해 "바퀴벌레"라고 부르며 존재감을 과시할 때까지도 당대표 경선에 출마하기 위한 포석으로 읽혀 과하지만 납득할 수 있는 수준이었어.

대선의 과정에서는 어차피 지지층이 다르고 보수 결집을 위해서는 막말도 하나의 전략일 수 있겠다 생각했고, 또 트럼프의 승리를 통해 정치판에서 막말의 효과도 어느 정도 있다는 것이 입증되었으니 듣기에 불편하지만 참을 수 있었던 거지. 그랬던 그가 막말의 스트롱맨이 되어 다시 돌아왔네. 그의 귀환이 달갑지 않은 이유는 그의 막말이 더 이상 지지층의 결집을 위한 선거 전략으로 읽히지 않고, 정말 그 사람이 가진 언어의 품격이자 사람의 품격이라는 생각이 들었기 때문이야.

함께 당대표로 출마한 4, 5선 국회의원을 향해 "(나 말고) 외연 확장할 놈 있으면 나와 보라고 해." 하지를 않나, TV 토론을 마친 후 "애들 데리고 못하겠다. 당원들이 슬퍼한다.", "상식 이하였다." 고 말하는 걸 보면서 엄마는 경악했어. 상대에 대한 배려라고는 눈꼽만큼도 없이 마구잡이로 내뱉는 그의 말은 날카로운 칼날 같았어. 같은 당 정치인조차 "정치인은 세 치 혀가 모든 문제를 일으킨다. 잘못하면 세 치 혀가 사람의 마음을 벨 수도 있다."며 막말을 자제해 줄 것을 부탁했다 하니 그의 막말에 대한 엄마의 반응도 과한 것이 아닌 것 같아.

"저는 제 성질대로 산다. 성질 참으면 암에 걸린다. 내 성질대로 살고 안 되면 집에 가면 된다."던 그가 참지 않고 성질대로 말해서 암에 걸리지 않고, 집에도 가지 않고, 방금 전 결국 당대표로 선택되었다는 기사가 올라오네.

"자유한국당의 새로운 출발은 혁신입니다. 당을 전면 쇄신하겠습니다. 변해야 합니다. 변하지 않으면 죽습니다."

소리 높여 외치던 그의 출마의 변처럼 당대표가 된 그의 언어부터 좀 변했으면 좋겠어. 왜곡된 가치관으로 자신과 생각이 다른 상대를 향해 무차별 난사하던 막말을 혁신하고 전면 쇄신했으면 좋겠어.

스트롱맨 대표님!

당신의 그 언어를 당신의 손자뻘인 이 땅의 아이들이 듣고 있어요! 아이들 데리고 토론 못하시겠다구요? 아이들이 얼마나 예의바르게, 상대의 말을 경청하며 토론하는지 본 적 없으시죠? 아이들 들으면 화내요! 앞으로 인간에 대한 최소한의 예의를 갖추며 당대표의 품격에 어울리는 언어를 구사해 주십시오. 당신의 막말이 속시원하다고 대리만족을 느끼는 청소년들이 생길까봐, 열등의식을 감추고 괜히 센 척 해보이려고 욕설과 인신공격의 날카로운 말을 쏟아내며 스트롱맨을 자처하는 학생들이 생겨날까봐 걱정되어 국어 교사로서 삼히 한 말씀 드렸어요. 마지막으로 미국 16대 대통령 링컨이 남긴 명언을 인용합니다.

"한 인간의 됨됨이를 정말 시험해 보려거든 그에게 권력을 줘보라."

4부

누구나
시를 품고 산다

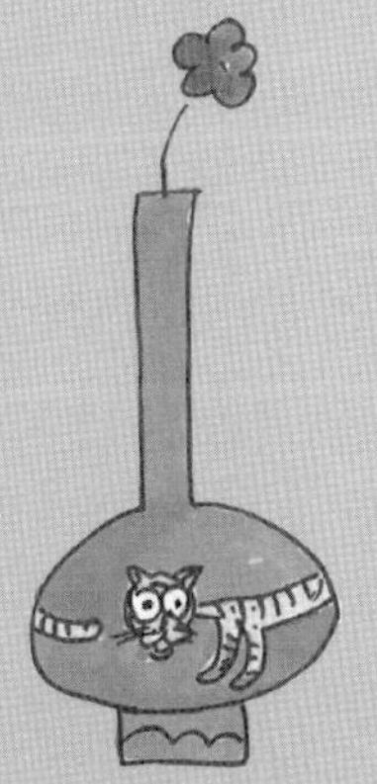

82년생
김지영을
지켜주세요

9월은 독서의 달이다. 출퇴근길에 보니 지방자치단체, 공공 도서관, 학교 등에서 다양한 독서 문화 행사를 연다는 펼침막이 자주 눈에 띄네. 한여름의 들뜬 분위기가 가라앉고 바람도 선선하니 책 읽기 좋은 계절이지만 우리 국민들의 독서량은 다른 계절에 비해 가을이 오히려 낮다고 하더라. 야심찬 새해 목표를 세우기 위해 1월엔 자기계발서 위주로 독서를 많이 하고, 8월은 휴가철 읽기 좋은 책 목록을 중심으로 인문학 관련 책들을 주로 읽는다고 하네. 아마 9월은 날씨가 좋아 야외 활동이 많기 때문에 상대적으로 차분하게 책 읽을 시간이 없는 게 아닌가 싶어.

모처럼 마음 내서 책 한 권 읽고 싶은데 어떤 책을 고르면 좋을까 고민될 때 사람들은 대부분 베스트셀러 목록을 참고하잖아? 그처럼 학교도서관의 사서 선생님들도 매년 큰 예산으로 도서 구입할 때 그 많은 책을 다 읽어보고 살 수가 없어 애로가 많거든. 이런 경우 활용하기 위해 14년 전부터 대구동부도서관에서 주관하여 『추천도서 맛보기』라는 책을 발간하고 있어. 과목별 현장교사와 사서교사가 함께 만들어가는 추천도서 목록집이지. 초창기에는 초, 중등 합본으로 발간하다 몇 년 전부터 분책하여 만들고 있으며 작년부터 대봉도서관이 업무를 이어받았단다. 엄마는 3집부터 추천도서 선정위원으로 참여하여 올해 15집 발간을 앞두고 있어. 신간 도서 위주로 책을 읽고 청소년들에게 읽히고 싶은 책을 선정하고 서평을 쓰기 위해라도 짬을 내어 책을 읽게 되네.

최근에 읽은 책 중에 네가 꼭 읽어보았으면 하는 책이 있어 추천할게. 조남주의 소설 『82년생 김지영』이란다. 문재인 대통령 당선 직후 노회찬 정의당 대표가 "82년생 김지영을 안아주십시오."라는 메시지와 함께 선물했다고 하여 화제가 된 책이지. 지난 3월에는 국회 여성가족위원회 소속인 금태섭 의원이 동료 국회의원 298명에게 이 책을 선물했다고 하여 꼭 읽어보고 싶었던 책이야.

제목이 왜 『82년생 김지영』일까 궁금해 검색해 보았어. 남아선호사상이 팽배해 어떻게든 아들을 낳으려 둘째, 셋째, 넷째도 마다하지 않던 사회 분위기 속에서 1980년 초반 정부 주도의 산아제한 정책이 펼쳐졌어. "아들 딸 구분 말고 하나만 낳아 잘 키우자!"

하는 구호를 외쳤던 것 같아. 의료기술의 발달로 여자아이만 선별 낙태가 가능해 남녀 성비 균형이 가장 어긋났던 해가 1982년이며, 그 해 가장 많이 지어진 여자 아이 이름이 김지영이라네. 한국전쟁 후 베이비붐 절정기에 태어나 현대사의 격동기를 가장 치열한 경쟁으로 살아낸 세대의 대명사가 된 58년 개띠처럼 공교롭게도 82년생은 개띠라 70년생 개띠인 엄마는 속으로 웃었어.

'여학생들에게만' 정숙과 단정을 강요했던 1990년대에 학창시절을 보내고, 취업난이 막 시작됐던 2000년대를 지나 3포-4포-5포……. 말도 많은 2010년대에 결혼과 출산을 한 여성들 모두가 주인공이다. 이 책의 매력은 엄마도 경험하고 지나온 이야기여서, 지금 이 순간에도 누군가는 경험하고 있는 세상의 절반 여성의 이야기여서 더 공감이 되었어.

책 속에서 엄마가 가장 크게 공감했던 부분이 있어 너에게 들려줄게.

> 그놈의 돕는다 소리 좀 그만할 수 없어? 살림도 돕겠다, 애 키우는 것도 돕겠다, 내가 일하는 것도 돕겠다. 이 집 오빠 집 아니야? 오빠 살림 아니 야? 애는 오빠 애 아니야? 그리고 내가 일하면, 그 돈은 나만 써? 왜 남의 일에 선심 쓰는 것처럼 그렇게 말해?
>
> —『82년생 김지영』, 144p.

주인공 김지영이 남편에게 불만을 토로하는 장면인데 "돕는다"는 말 한 마디 때문에 아빠랑 치열하게 싸웠던 옛일이 떠올라서 더 공감이 되었단다.

결혼 후 '외벌이'로는 힘든 형편이라 육아 휴직은 엄두도 낼 수 없었고, 교사와 아내, 며느리, 착한 맏딸, 엄마의 역할을 완벽하게 해 내기 위해 엄마는 늘 종종거리며 바쁘게 살았다. 아빠도 나름 열심히 육아와 가사 노동을 분담하긴 했지만 질과 양으로 따지면 엄마가 거의 대부분을 도맡아야 했어.

사회 생활하는 바깥양반의 필수 코스인 회식 후 늦게 귀가한 아빠에게 잔소리라도 한 마디하면 "밖에 나가 보니 나처럼 육아와 집안일 잘 도와주는 사람도 없더라."고 말해 부부싸움이 커지곤 했어. 그때 엄마는 그 '도와준다'는 말에 발끈해서 소설 속 김지영이 했던 말처럼 "함께 가정을 이루고 사는데 누가 누굴 돕는다는 말이냐? 왜 나만 독박 육아 뒤집어 써야 하느냐? 같이 직장 다니며 돈 버는데 왜 나만 더 힘들게 사느냐?" 악을 쓰며 분노의 말을 쏟아내곤 했었다. 그때마다 아빠의 대응도 한결 같았지.

"능력 있는 아내 데리고 사려니 피곤하다. 차라리 직장 그만 두고 애나 키 워라. 다른 집들은 혼자 벌어도 잘만 살더라."고 말해 엄마의 화를 돋우었었지. 이제는 까마득한 옛일이라 담담하게 말할 수 있지만 참 힘들었었다. 하루하루 교사로 살아내기도 녹록치 않았고, 두 아이의 엄마가 된다는 경험도 낯설고 두려웠으며, 퇴근 후에는 또 다른 일터에 온 기분이었어. 고정희 시인의 「우리 동네 구자명 씨」라는 시를 가르칠 때면 '팬지꽃 아픔', '안개꽃 멍에'를 짊어진 채 '여자가 받쳐 든 한 식구의 안식'이 꼭 나의 이야기인 것만 같아 울컥하곤 했지.

매번 도돌이표처럼 일정한 주기로 아빠와 다투고 또 화해하는 과정을 통해 서로의 역할 배분을 조율했고, 또 포기할 부분은 포기했다. 지금 이런 말 하면 우리 딸은 요즘 우리 집의 가사 노동은 아빠가 더 많이 하는데 생각할지도 몰라. 엄마보다 출근 시간이 한 시간이나 늦은 아빠가 아침밥을 챙기고, 저녁이면 일찍 귀가해 저녁을 준비하고 설거지, 음식물 쓰레기 버리기, 분리수거 등 가사노동의 많은 부분을 아빠가 하는 편이지. 엄마도 아빠가 가사노동 분담을 잘해 줘서 참 고맙게 생각해. 부부동반 모임에 가서 이런 저런 이야기들 속에서 아빠가 가사 분담을 많이 한다고 하면 다들 자상하고 가정적인 남편이라고 부러워한단다. 남에게 부러움을 받기 위해서가 아니라, 함께 행복한 가정을 위해선 누군가의 일방적 희생을 강요해선 안 된다고 생각해.

문득 함민복 시인의 「부부」라는 시가 생각나네.

긴 상이 있다
한 아름에 잡히지 않아 같이 들어야 한다
좁은 문이 나타나면
한 사람은 등을 앞으로 하고 걸어야 한다
뒤로 걷는 사람은 앞으로 걷는 사람을 읽으며
걸음을 옮겨야 한다
잠시 허리를 펴거나 굽힐 때
서로 높이를 조절해야 한다
다 온 것 같다고
먼저 탕 하고 상을 내려놓아서도 안된다
걸음의 속도도 맞추어야 한다
한발
또 한 발

'남녀 차별이 어디 있어? 여자들이 얼마나 살기 좋은 세상인데?' 생각하고, '된장녀' '김치녀' '맘충'이라는 여성 혐오를 불러일으키는 어휘를 양산하는 사람들에게 이 책을 읽어보라고 말하고 싶어.

"그 사람 입장이 되어보지 않으면 온전히 그를 이해할 수 없다"는 말처럼 세상의 절반 여성의 이야기에 세상의 절반 남성들이 귀

기울여줬으면 좋겠다. 그래서 내 딸들이 살아갈 세상은 조금 더 달라져 있을 것이라 기대해본다.

누구나
왼손엔
시를 품고 산다

더도 말고 덜도 말고 한가위만 같아라는 덕담이 올 추석만큼 잘 어울리는 해도 없을 것 같아. 열흘간의 긴 추석 연휴가 뜻밖의 선물처럼 다가와 어떻게 시간을 보낼까 행복한 고민에 빠지게 하더라. 맨발로 걷기 좋은 흙길이 없을까 휴대폰으로 검색하다 반가운 기사 하나를 발견했어. 문재인 대통령이 청와대 공식 SNS를 통해 국민들에게 추석 인사를 전했다는 것이었어. 올 한가위는 여성과 남성이 모두 함께 즐거우면 좋겠다. 어르신이 젊은이들에게 "못해도 괜찮다." 젊은이가 어르신에게 "계셔주셔서 힘이 난다." 서로 진심을 나누는 정겨운 시간을 보내면 좋겠다는 추석 인사 말미에 이해인 수녀님의 시집 『기쁨이 열리는 창』을 펼쳐들고 「달빛기도」라는 시를 낭독했다는 기사였어.

너도 나도 집을 향한 그리움으로
둥근 달이 되는 한가위
우리가 서로를 바라보는 눈길이
달빛처럼 순하고 부드럽기를
우리의 삶이
욕심의 어둠을 걷어내
좀 더 환해지기를
모난 미움과 편견을 버리고
좀 더 둥글어지기를
두 손 모아 기도하려니
하늘보다 내 마음에
고운 달이 먼저 뜹니다
한가위 달을 마음에 걸어두고
당신도 내내 행복하세요, 둥글게
—이해인, 「달빛기도」

국민들에게 시 읽어주는 대통령! 정말 멋지지 않니? 백 마디 덕담보다 한 편의 시가 전하는 울림이 더 크게 와 닿더라.

엄마가 시를 좋아하는 건 알지? 줄거리에 집중해야 하는 소설과 달리 시는 짧은 시간에도 읽을 수 있고, 상상력을 자극하여 나의 경험을 떠올리며 읽는 즐거움이 있단다. 시인들이 맛깔스럽게 버무려낸 시어들을 통해 우리말의 묘미를 느끼는 것도 좋고, 시를 읽고 있으면 마음이 순해지고 착하게 살고 싶다는 생각이 들더라.

엄마는 학생들과 함께 시 단원 수업할 때가 가장 신나고 행복하단다. 어떻게 하면 학생들에게 시 읽기의 즐거움을 느끼게 할까 고민하며 참 많은 시도들을 했었단다. 교과서의 시는 무조건 암송하게 하고, 자신이 좋아하는 시를 A4 시화로 그려 코팅한 후 교정의 나무에 걸어 전시하기도 했지. 매년 시인을 찾아 문학 기행을 다녀오고, 매주 이주일의 시를 선정하여 공책에 필사하고 자신의 경험과 생각을 덧붙여 짧은 글쓰기도 해보게 했어. 방과후학교 강좌에 '좋은 시 감상과 창작'이라는 프로그램을 개설하여 함께 시를 읽고, 이야기 나누고 시도 쓰게 했지. 정기고사 직후나 학기말 여유 있는 시간에는 자유 주제로 생활시를 쓰게 하여 시집으로 묶기도 했었어. 그렇게 만들어진 시집이 벌써 7권이네. 그 시집들은 좋은 수업 자료로 학생들과 시 수업쓰기 활동 전에 꼭 읽히고 감상하는 시간을 가진단다. 비록 투박하고 다듬어지지 않은 시들이지만 기성 시인들의 시보다 청소년들이 공감하기 쉬운 내용들이어서 시 쓰기에 대한 두려움을 없애는 효과가 크단다.

대진고등학교에 근무할 때 책쓰기 동아리 운영하면서 학생들과 시 쓰기 활동을 할 때 남학생 한 명이 손을 번쩍 들더라. 뭔 일인가 싶어 가까이 가보니 왼손을 물끄러미 들여다보며 손금 글자가 시처럼 생겼다고 말하더라. 동아리 아이들 손바닥을 모두 들여다보았는데 정말 '시'라는 손금 글씨가 보이더라. 그날 이후 "누구나 왼손엔 시를 품고 산다."라고 작명하여 나의 수업 브랜드로 삼았어. 그렇게 시 교육 활동을 펼친 지 벌써 10년 세월이 훨씬 넘었네. 그동안 가장 기억에 남는 시 관련 교육 활동 두 가지만 더 얘기해줄게.

하나는 '시로 여는 교무회의'라는 프로그램이야.

2000년부터 엄마는 대구국어 교사 소모임 활동으로 '시를 사랑하는 국어 교사들의 모임'에 참여하여 격주로 시집을 읽고 생각나누기를 했어. 요즘은 모임이 뜸하긴 하지만 시모임 선생님들을 만날 때가 가장 마음이 편하단다. 학생들의 인성 교육과 감성 교육을 위해 교사 스스로 생활 속에서 좋은 시 읽기를 생활화하는 게 좋을 것 같아 2003년 화원고등학교 근무할 때 '시로 여는 교무회의' 활동을 제안했어. 딱딱한 월요일 교무회의 시작 전에 순번제로 한 편의 시를 낭독하고 회의를 시작하는 거였어. 평교사가 제안한 프로그램을 교육활동으로 받아들여 교장선생님부터 돌아가면서 시 낭독을 흔쾌히 해주셨지. 매주 선정하는 시는 들어서 이해하기 쉽고 계절감을 느낄 수 있는 것으로 선정하였고, 낭독한 시는 교실 게시판에 붙여 학생들도 함께 감상하도록 했어. 교사들부터 바쁜

생활 속에서 한 편의 시라도 감상하는 여유를 느껴보자는 취지에서 시작한 그 활동은 2개 학교에 걸쳐 8년간 진행하다 지금은 하지 않는다.

두 번째는 '시 읽기! 멋대로, 맛대로, 맘대로'라는 이름의 시낭송 축제야. 우연한 기회에 한국문화예술위원회가 주최하는 '2008 전국청소년 시낭송 축제' 행사를 알게 되었어. 시를 읽지 않는 시대에 청소년들에게 시를 읽게 하고 그들의 눈으로 재해석하여 시의 묘미를 느끼게 하겠다는 시도가 참신했고, 내가 목마름을 느끼던 부분과 일치하여 7회에 걸쳐 시낭송축제에 공모했고, 30만원의 지원금을 받아 학교 시낭송 축제 행사를 펼쳤어. 시집을 읽고 마음에 드는 시를 찾고, 그 시를 몸으로 표현하거나 랩으로 부르기, 악기로 연주하기, 그림으로 표현하기, 영상시로 만들기 등 학생들의 무궁무진한 상상력과 창의적인 아이디어들이 덧보태져 매년 낭송 콘텐츠가 축적되었지. 행복한 시 읽기를 통해 변화하고 자유로움을 만끽하는 아이들의 모습을 보면서 시로 소통하는 행복한 추억을 공유했어.

2008년 대진고 1회 시낭송축제에서 김소월의 시 「산유화」를 읽고 자작곡으로 기타 연주한 ○○이는 SBS 창사특집 다큐멘터리 「소월, 중섭, 그리고 오산」에 소개되어 소월 탄생 100주년이 지나도 그의 시가 청소년들과 소통하고 있다는 내용의 다큐멘터리 프로그램에 출연하기도 했지.

어린 시절 정육점 하던 부모님의 가게에서 놀다 고기 써는 슬라이더에 왼손이 잘려 의수를 한 ○○이는 2011년 다사고 1회 시낭송축제에서 「시가 없는 사람의 시」라는 영상시를 통해 자신의 이야기를 세상 밖으로 내놓으며 아픔을 털어내고 현재 詩치료사를 꿈꾸고 있다. 자작시 「마리오네트」를 친구들과 함께 목각인형 퍼포먼스로 표현하여 전국 청소년 시낭송 축제 기념콘서트에 다녀온 ○○이는 시를 쓰는 언론 출판인을 꿈꾸며 대학에 진학했어. 자작시 한 편 무대 위에서 읽었을 뿐인데 "시가 이렇게 재미있는 줄 몰랐다.", "시가 생각만큼 어렵지 않다."고 말하는 학생들의 모습을 보면서, 친구들 앞에서 인정받은 느낌이라고 자신감을 표현하며 다른 학교생활에도 더 충실하게 임하는 것을 보면서 이것이 내가 꿈꾸던 시 교육이라는 생각이 들었어.

대학 입시가 꽃이라는 인문계 고등학교에서 문제집 풀이 대신 이런 시 교육 방법이 과연 옳을까 내적 갈등도 많았어. 두 달 남짓 걸리는 시낭송축제 준비 기간에는 내가 왜 이런 고생을 사서 하나? 회의감도 들었지만, 한 편의 시가 사람을 변화시키는 큰 힘이 있다는 사실을 한 해 두 해 경험으로 확인하다보니 점점 더 용기가 나고 확신이 생겼어.

2012년 중순 KBS 대구방송국에서 신년특집 다큐멘터리 제작을 위해 섭외 요청이 들어왔어. 다사고 시 교육 활동을 촬영하여 2013년 1월 25일 「내 안에 시가 가득하다」는 제목으로 소개된 것이 가장 기억에 남네. 방송을 지켜 본 지인들로부터 감동적이었다는 이야기를 들으면서 그동안 느껴왔던 나의 불안감을 조금은 씻어 낼 수 있었어. 방송에 나오는 엄마 모습을 보고 자랑스러웠다며 손 편지를 보내주신 중학교 2학년 때 선생님도 기억나네.

시를 한 마디로 정의해 보라는 내 질문에 학생들은 다양한 답을 하더라. 시가 추운 날 우리를 따뜻하게 해주는 군고구마이기도 하고, 마음 속에서 딱 한 방울로도 넓게 퍼지는 먹물이 되기도 하고, 자신의 기분에 따라 내용이 바뀌는 존재이기도 하고, 패션에 명품이 있듯 명품 시도 있다고 말하는 학생들의 모습에서 「누구나 왼손엔 시를 품고 산다」는 프로젝트가 24년 국어 교사 생활에서 방점 하나는 찍을 수 있는 의미 있는 활동이었다고 생각해. 그 옛날 그리운 나의 국어 선생님처럼 긴 세월이 흐른 뒤 엄마는 제자들에게 어떤 선생님으로 기억될까? 입만 열면 시를 이야기하던 시시한 선생님으로 기억되었으면 좋겠어.

한 밤의 경보음 소동

열대야로 숙면을 취하기 힘들었던 지난여름은 모기의 극성까지 보태 잠 설치는 날이 유독 많았다. 밤마다 귓전에서 울어대는 모기를 잡느라 몇 번씩 불을 켜고 손바닥이 얼얼하도록 박수를 치고, 피를 봐야 잠이 들곤 했다. 피부가 예민한 너는 아침마다 모기에 물린 자국의 수를 헤아리곤 했었지. 그날도 어김없이 모기와 숨바꼭질하다 겨우 잠이 들었는데 난데없이 아파트 주차장에서 차량 경보음이 요란하게 울리기 시작했다.

시계를 보니 새벽 3시 10분! 온 세상이 잠에 젖은 시간, 갑자기 울려대는 큰 소리에 놀랐지만 '금방 그치겠지.'하는 마음에 불도 켜지 않은 채 가만히 누워 있었어. 그런데 십 분이 지나도록 소리가 멎질 않더라. 우리 집 인근 아파트까지 합치면 천 여 세대가 족히 되는데 많은 집들이 불을 켜고 베란다 창문 밖으로 내다보는 상황이었어. 사람들의 웅성거리는 소리가 커져가고 여기저기서 큰 소리로 짜증을 날리고 심지어 욕설을 하는 사람도 있었어.

차량 도난방지용 경보음은 밤의 정적을 깨며 쉽없이 빽빽거리고 사람들의 짜증 섞인 말들까지 섞여 더 이상 누워 있을 수 없어 우리도 딸의 방 창문을 통해 밖을 내려다 보았지. 처음엔 짜증이 났는데 차츰 시간이 지나면서 차주의 상황을 상상하게 되더라. '자기 차에서 울리는 소리가 아니라고 우리처럼 무시하고 누워있는 걸까?', '어젯밤 늦게까지 과음하고 깊은 잠에 빠졌나?' 반바지 차림의 청년 두 명이 내려와 차량에 적힌 번호로 전화를 걸고 받지 않는다고 투덜거린다. 옆에서 손전등을 들고 있던 경비원 아저씨는 인근 아파트 주민들의 고함 소리에 어쩔 줄 몰라 하며 초조하게 왔다 갔다 한다.

그렇게 또 십여 분의 시간이 흘러 전화 걸던 청년도 포기한 채 집으로 들어가 버리고 경비원 아저씨만 망부석처럼 차 옆에 서 있다. 그 모습이 어찌나 짠하든지. 창밖을 통해 그 모습을 보는 다른 사람들도 욕해봐야 소용없다는 걸 눈치챘는지 조용해지더라. 계속해서 경보음은 울려대고, 이제 내가 차 주인이라면 베란다 밖으로 내다보고 있는 사람들의 눈이 부끄러워 나오지도 못하겠다는 생각이 들 때쯤 우리 옆 라인에서 중년의 아저씨 한 분이 천천히 걸어

나오는 게 보였다. 천하태평 느릿느릿한 걸음으로 나오더니 누가 자기의 차를 발로 차거나 억지로 열려고 해서 경보음이 울린 거라면서 경비원 아저씨에게 퉁명스럽게 말을 건넨다. 경비원 아저씨는 한참 동안 소리가 울렸고, 차에 적힌 번호로 전화를 몇 번이나 해도 받질 않았으며 인근 아파트에서 항의 전화를 많이 받았다는 말까지 했음에도 차주는 미안하다는 말은커녕 "누군가 내 차를 만졌으니 울렸겠지."하는 말만 되풀이한다.

경보음 소리는 멎었지만 그 아저씨가 보여주는 말과 행동에 말문이 막혔다. 많은 사람들이 내려다보고 있는 상황에도, 한밤에 느닷없이 경보음이 울려 많은 사람들의 잠을 설치게 했는데도 미안하다는 말 한 마디 없이 자기 입장만 말한다. 20여 분을 안절부절 못하고 서 있는 경비원 아저씨에게도 끝끝내 미안하다는 말 한 마디 없이 나왔던 곳으로 쏙 들어가 버린다. 머쓱해진 경비원 아저씨가 터덜터덜 저만치 걸어가는 모습을 한참동안 쳐다보다 다시 누웠지만 쉽게 잠들지 못했다.

문득 얼마 전 산책길에 만났던 어떤 할아버지 모습이 떠올랐다. 단독주택인 자신의 집 담장 안으로 나무 잎사귀가 떨어진다고 투덜거리며 아파트 화단의 정원수 잎을 야무지게 손으로 훑어내고 있었다. 자신의 집쪽으로 나뭇가지가 넘어오지 않도록 가지를 똑

똑 분질러 버리고 담장 위에 비닐 깔고 벽돌 눌러 놓는 손을 보면서 참 야박한 세상이다 생각이 들었다. 내 집안으로 떨어지는 잎이 싫다고 다른 사람들이 함께 보는 정원수의 가지를 앙상하게 만들어놓는 할아버지의 모습과 오늘 이 한밤의 경보음 소동에 중년의 차주가 보여준 모습을 보며 점점 각박해져가는 세상에서 우리는 우리 아이들에게 어떤 가치를 가르쳐야하는가 마음이 무거워진다.

사랑하는 딸아!

"말 한 마디에 천 냥 빚을 갚는다."는 속담처럼 사람살이를 풍요롭게 하는 많은 말들이 참 많다. 그 중에서도 "고맙습니다.", "미안합니다.", "사랑합니다." 이 단어들만큼은 아낌없이 사용하며 살자.

가을엔 편지를 하겠어요

가을엔 편지를 하겠어요.
누구라도 그대가 되어 받아주세요.
낙엽이 쌓이는 날
외로운 여자가 아름다워요.

고은 시인의 시에 김민기씨가 곡을 붙인 「가을 편지」의 노랫말이다. 아침 출근길 라디오에서 흘러나오는 이 노래를 들으니 기분이 참 좋았다. 손편지 써 본 게 언제인가 생각해보니 올 1월 아들이 군입대하여 훈련소에 있는 6주 동안 편지를 자주 썼었다. 하루의 자잘한 일상과 가족들의 소식을 담고 추위와 낯선 환경에서 지내고 있을 아들에 대한 걱정 등으로 편지는 늘 길어졌다. 기억도 가물가물한 연애편지 쓰던 날처럼 예쁜 편지지를 펼쳐놓고 책상 앞에 앉으면 가슴이 콩닥콩닥 뛰곤 했다. 이 편지를 받고 아들이 어떤 표정을 지을까 상상하며 그리운 마음을 꾹꾹 눌러 담아 보냈다. 퇴근길마다 우편함을 들여다보며 군사우편 답장 오기를 기다리는 것도 하루를 견디게 하는 힘이었다. 낯익은 아들의 필체가 담긴 답장을 받은 날은 읽고 또 읽으며 그리운 마음을 달랬다. 아들의 편지만 모아두는 바구니를 만들어 그 속에 보관해두고 있다. 뜬금없이 아들이 그리운 날엔 편지를 꺼내 읽으며 부쩍 자란 아들을 대견해한다.

간편하게 휴대전화 문자 메시지를 보내고 클릭 한 번이면 이메일을 전송하며, SNS 채팅방을 통해 실시간 대화가 가능한 참 편리한 시대에 살고 있다. "따라올 테면 따라와 봐~" 광고 문구처럼 광속도로 변해가는 시대에 손으로 꾹꾹 눌러 편지를 쓰고 보낸다는 게 촌스럽게 느껴질 수도 있다. 하지만 손편지를 받는다는 건 그 자체로 감동이다. 오히려 잠자고 있던 아날로그적 감성을 일깨워 더 큰 행복감을 느끼게 한다. 문자 메시지나 e-메일 속 디지털 문자화된 글을 읽을 때보다 종이에 사각사각 소리를 내며 썼을, 한 자 한 자 새겨진 글자를 읽을 때의 느낌은 사뭇 다르다. 지금 내 곁에 없는 사람에 대한 그리움까지 버무려져 더 진한 영혼의 교감이 느껴진다. 또한, 손편지는 두고두고 꺼내 볼 수 있는 추억이며 삶의 흔적이다.

가을 편지 노래도 들었으니 오늘은 엄마가 소중하게 보관하고 있는 손편지를 보여줄게. 엄마의 중학교 2학년 때 담임 선생님께 받은 편지야.

엄마가 다사고등학교에 근무할 때 「누구나 왼손엔 시를 품고 산다.」는 프로젝트로 시낭송축제를 연다는 내용이 KBS 다큐멘터리로 소개된 적이 있었잖아. 우연히 그 방송을 보시고 손편지를 보내오신 거야. 음악을 전공하신 한정희 선생님께서는 해외유학을 가기 위해 학교를 그만 두시면서 한동안 소식이 끊겼었어. 귀국 후 한참 뒤 대구에서 피아노학원을 경영하신다는 소식을 전해 듣고 학원으로 한 번 찾아뵈었던 기억도 있네. 그리곤 또 사는 게 바빠 까마득히 잊고 살았는데 텔레비전에 나오는 옛 제자의 모습을 보고 편지를 보내신 거야.

정갈하고 단정한 글씨체를 통해 전해지는 다정다감한 말투는 중학교 2학년 때 선생님의 모습과 똑같더라. 훌륭하게 잘 자라주어 고맙고 자랑스럽다는 구절을 읽는데 눈물이 왈칵 쏟아지더라. 선생님의 칭찬에 기뻐했던 중학교 2학년 때처럼 교사로서도 잘하고 있구나하고 칭찬해주시는 것 같아 기분이 좋았다. 편지 중에 전화번호를 알려주셔서 바로 전화를 드렸다. 안성에서 피아노학원을 하면서 여전히 아이들을 가르치고 계신다는 선생님과 한참 통화했었

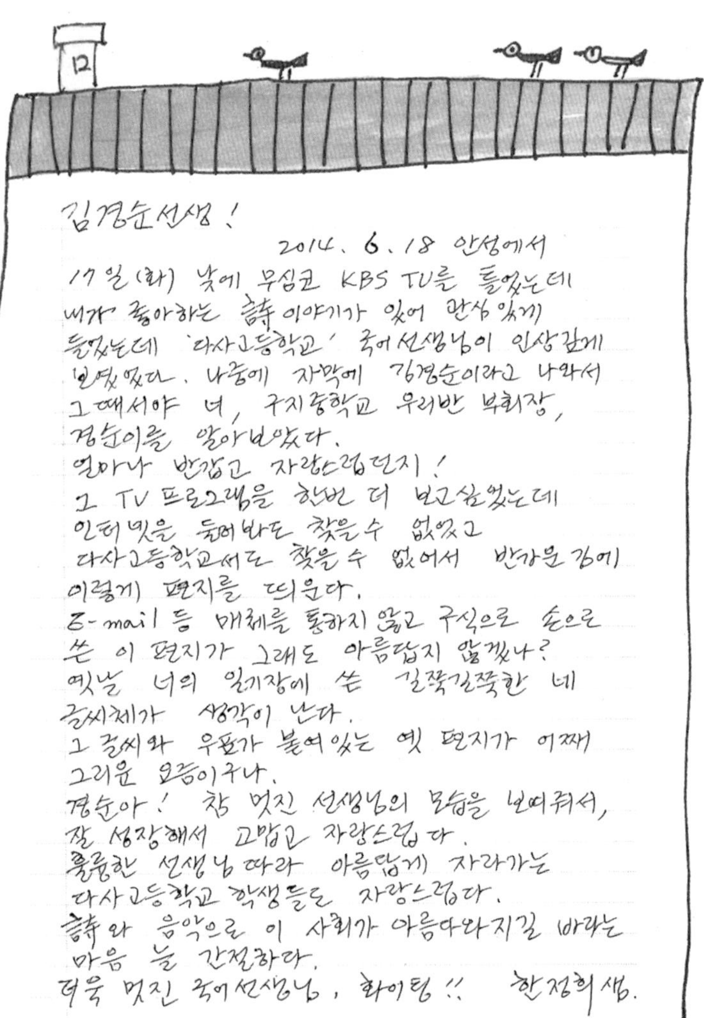

김경순선생!

2014. 6. 18 안성에서

17일(화) 낮에 무심코 KBS TV를 틀었는데
내가 좋아하는 詩 이야기가 있어 관심있게
들었는데 '다사고등학교' 국어선생님이 인상깊게
보였었다. 나중에 자막에 김경순이라고 나와서
그때서야 너, 구지중학교 우리반 부회장,
경순이를 알아보았다.
얼마나 반갑고 자랑스럽던지!
그 TV 프로그램을 한번 더 보고싶었는데
인터넷을 뒤져봐도 찾을수 없었고
다사고등학교서도 찾을 수 없어서 반가운 김에
이렇게 편지를 띄운다.
E-mail 등 매체를 통하지 않고 구식으로 손으로
쓴 이 편지가 그래도 아름답지 않겠나?
옛날 너의 일기장에 쓴 길쭉길쭉한 네
글씨체가 생각이 난다.
그 글씨와 우표가 붙어있는 옛 편지가 어째
그리운 요즘이구나.
경순아! 참 멋진 선생님의 모습을 보여줘서,
잘 성장해서 고맙고 자랑스럽다.
훌륭한 선생님 따라 아름답게 자라가는
다사고등학교 학생들도 자랑스럽다.
詩와 음악으로 이 사회가 아름다워지길 바라는
마음 늘 간절하다.
더욱 멋진 국어선생님, 화이팅!! 한정희 샘.

옛 은사님의 손편지

다. 시와 음악으로 이 사회가 더 아름다워지길 간절히 바란다는 선생님의 고운 마음이 잘 느껴졌다.

두 번째 편지는 사랑하는 딸이 엄마에게 보낸 편지야. 생일, 결혼기념일, 어버이날마다 너는 손편지를 써서 전해주곤 하지. 그 중에서 엄마가 가장 좋아하는 편지는 요것이다. 재작년 결혼기념일에 빨간 편지지에 적어 보내준 이 편지를 엄마는 몇 번을 읽고 또 읽었단다. 이 세상 그 어떤 선물보다 기쁘고 행복했단다.

엄마가 너의 롤 모델이고 좋은 본보기로 자랑스러운 엄마라고 말하는 걸 보며 딸에게 부끄럽지 않게 더 열정적으로 살아야겠다고 다짐하게 되더라. 네 말처럼 임용시험에 꼭 합격해서 모녀 국어 교사의 꿈을 꼭 이루자. 엄마는 너랑 함께 국어 교사 연수에도 참여하고 싶고, 너와 나의 제자들을 데리고 문학기행을 함께 다녀오고 싶다. 이제 임용시험이 채 한 달이 남지 않았네. 올해는 대구시 교육청에서 국어 교사를 5명밖에 뽑지 않아 낙타가 바늘구멍 통과하는 것만큼이나 어려움이 예상되지만 끝까지 최선을 다해 노력하렴. 그리고 결과는 겸허하게 받아들이자. 엄마는 네가 어떤 삶을 살든 언제나 너를 응원한다. 사랑한다. 딸아! 씩씩하게 잘 자라줘서 고마워! 내가 너의 엄마여서 참 좋아!

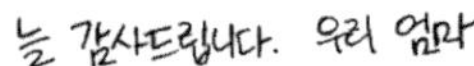

늘 감사드립니다. 우리 엄마

엄마. 엄마의 하나뿐인 소중한 딸 지은입니다^^ 늘 바쁘고 과제에 허덕이느라 요즘은 엄마랑 거의 시간을 잘 보내지도 못하네요. 늘 바쁘고 뭐든 열심히, 그리고 잘해내야 한다는 부담감을 가진 저를 항상 안쓰러워하는데 그냥 이해해주세요. 성격상 꼼꼼히 해내야 직성이 풀리는 완벽주의자 엄마를 닮은거겠죠ㅋㅋㅋ ^‿^

늘 옛날부터 엄마는 나의 멘토였고, 롤모델이었어요. 좋은 본보기가 되주셨고 누구보다도 자랑스러운 엄마였어. 그러니까 옛날에 맞벌이로 바빠서 잘 못 챙겨줬던 그런거 마음에 담아둘 필요 없어요. 그 때의 엄마의 부재가 나한테는 독립심이나 해결하는 능력, 꼼꼼한 성격 등을 키울 수 있었던 기회였다고 생각해요. 그리고 누구보다도 좋고 올바른 인성을 가지고 컸으니깐! 아이구, 누구 딸인지 참 올바르게 자라났네! ㅋㅋㅋ

한 살 한 살 나이가 늘어가고 학년이 올라가면서, 여전히 다사다난한 학교 생활을 하고, 성격도 조금은 바뀌게 됐는데 너무 걱정하실 필요도 없어요. 딸은 늘 잘했으니까. 여기서도 누구에게나 인정받고 있으니 걱정 붙들어매세용.

나의 끈기와 성실함으로 임용에 얼른 붙어서 엄마랑 같이 교직생활하게 되는 날이 얼른 왔으면 좋겠어. 옛날부터 꿈꿔왔던 모습인데ㅎㅎ 이번에 조정래 선생님 인터뷰 하고 나서도 아, 얼른 현장에 나가고 싶다는 생각이 많이 들었어요. 자랑스러운 딸이 될게요. 첫째로서, 예쁜 딸로서 좋은 모습, 긍정적 모습만 보여주도록 노력할게요. 많이 존경하고 사랑합니다. 결혼 기념일도 축하드려요. 선물은 다음 학기 장학금을 또 노린다! ㅋㅋ

2015. 5. 8. 금. -딸-

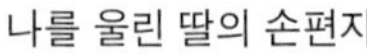

나를 울린 딸의 손편지

맨발걷기!
백일에
도전하다

오랜만에 연락이 닿은 출판사 사장님으로부터 『맨발학교』 책 선물을 받았어. 권택환 대구교대 교육연수원장 겸 평생교육원장이 교사와 아이들이 맨발로 흙을 밟으며 100일간 생활하는 사이버 학교 맨발학교를 소개한 책이야. 5년째 하루 1시간씩 맨발걷기를 생활화하고 있다는 그분은 맨발걷기를 "천(天), 지(地), 인(人)의 만남"이라고 칭하며 학생들의 뇌 발달과 인성교육의 일환으로 맨발걷기를 전파하신다네.

KBS 1TV 생로병사의 비밀에서 「맨발이면 청춘이다」를 주제로 방영되었다길래 동영상을 찾아보았어. 맨발걷기로 건강을 되찾은 사람들, 맨발걷기를 실천하는 유명인들, 현대인들에게 족저근막염 환자가 증가하고 있다는 통계, 맨발로 걸으면 혈액순환이 좋아진다는 것을 적외선 촬영 등으로 보여주니 살짝 호기심이 생기더라.

퇴근 후 진천천 흙길을 혼자 걸어보았는데 엄마는 그 첫발의 느낌을 잊을 수가 없구나. 맨발에 와 닿는 차가운 감촉에 전기 감전된 것처럼 머리끝이 쭈뼛 서는 느낌이었어. 행여 돌이라도 밟을세라 조심스럽게 한 발 한 발 내딛다보니 오직 걷는 일에만 집중하게 되더라. 한 시간쯤 흙길을 걷고 나니 묵직하던 발의 느낌이 한결 가벼워지면서 하루의 피로가 싹 풀리는 느낌이 들더라.

첫날부터 너무 무리하면 안 되겠다 싶어 집에 돌아와 찬물로 깨끗이 씻고 발바닥을 살펴보니 약간 화끈거리며 발갛게 열이 올라 있었어. 평소 잘 바르지 않던 로션까지 발라주며 발에 관심을 갖게 되더라. 내 얘기를 들은 아빠도 함께 동참하기로 하고 그날 이후 걷기 시작한 게 오늘로 30일차에 접어들었네. 하루도 빼먹지 않고 매일 새벽 운동으로 맨발걷기를 하고 있는데 이런 우리 모습 보면서 딸은 정말 독하다면서 놀리곤 하지. 엄마는 평소 자식과 부모는 무선으로 연결되어 있어 부모의 생각과 의지, 행동이 자식에게 그대로 젖어든다고 믿어. 먼 훗날 우리 딸도 어떤 일을 할 때 꾸준하고 성실하게 하는 습관을 익혔으면 좋겠어. 예전에 우리 부모가 이렇게 하더라는 것을 상기하면서.

새벽 5시 20분 알람을 맞춰두고 어둠이 채 가시지 않은 학교 운동장에 첫 발을 내딛으면 차가운 감촉에 온몸의 세포들이 깨어나는 느낌이다. 맨발걷기를 시작한 지 약 보름 만에 아빠는 무좀이 사라지고 지성피부인 얼굴의 피지 분비가 줄어든 것 같다고 좋아하네. 매일 아침 거울 앞에 서서 "아빠 피부 좋아진 것 같지 않냐?"하고 너에게 묻곤 하지. 맨발걷기의 매력에 빠진 아빠는 회식하고 늦게 귀가한 다음날에도 맨발걷기를 하니 해독되는 느낌이라고 더 열심히 걷는단다. 엄마에게 찾아온 변화는 하루하루가 생기가 넘친다는 거야. 아침 일찍 맑은 공기를 마시며 아빠랑 한 시간 동안 맨발걷기를 하며 대화를 많이 나누게 되니 참 좋아. 늘 바쁘게 살다보니 부부간 대화가 점점 줄어드는데 고정적으로 하루에 한 시간 이상 얘기할 시간이 확보되어 소소한 일상사를 얘기 나누니 참 좋네.

며칠 전, 비오는 날 우산 쓰고 학교 운동장을 돌 때가 생각나네. 우산에 떨어지는 빗소리를 들으며, 발가락 사이로 스며드는 물기 머금은 흙의 감촉을 느끼며 함께 걷다가 물이 고여 있는 곳을 지날 때면 아빠는 어린 아이마냥 첨벙첨벙 발장난을 치더구나. 우스꽝스런 모습에 "당신 나이 몇 살?"하며 놀리듯 물으니 53살에서 5를 빼고 3살이라고 하더라. 정말 동심으로 다시 돌아가는 느낌이 든다. 매일매일 카카오톡 단체방에 인증 샷을 찍어 올리며 어떤 포

즈로 사진 찍을까 얘기 나누는 것도 즐겁다. 엄마는 맨발걷기 이후 행복하다고 느끼는 순간이 더 많아졌어. 행복호르몬 세로토닌이 걷는 동안 분비된다고 하더니 정말 그런 것 같아. 신발로부터 발이 자유로워지니 몸도 마음도 한결 가벼워지고 자유로워진 느낌이야. 이전보다 수면의 질도 좋아져 숙면을 취하니 피로감도 덜 느껴져.

맨발학교 SNS를 통해 다른 회원들의 인증 샷을 보고 있으면 사람의 발이 참 예쁘다는 생각이 들어. 다른 신체 부위에 비해 주목받지 못하던 발에게 관심을 두고 자주 만져주게 되네. 이른 퇴근길에는 꼭 수목원에 들러 혼자서 걷고 오기도 한단다. 대구수목원 맨발보도에는 방송의 영향인지 맨발로 걷는 사람들이 많단다. 엄마는 평소에도 낯선 사람에게 말 거는 걸 좋아하지만 요즘은 맨발로 걷는 사람을 보면 꼭 먼저 말을 건넨단다. 어떤 계기로 맨발걷기를 했느냐 물어보면 대부분 생로병사의 비밀 방송을 보고 시작했다고 하더라. 어떤 효과를 느끼느냐 물어보면 허리를 반듯하게 펴고 걷게 되어 자세 교정이 된다는 사람도 있고, 체온 상승효과가 있어 혈액순환이 잘 된다는 사람, 당뇨를 앓고 있는데 맨발걷기 이후 당 수치가 많이 떨어졌다는 사람도 있더라.

발은 제2의 심장이라 불리고 신체 각 부위와 밀접한 상관관계가 있다고 하니 꾸준히 하다보면 아빠의 고혈압도 좋아지고 엄마가 목표로 하는 체중감량효과도 있을 거라 믿어. 맨발학교에는 멋진 교훈도 있단다.

"진리는 단순하고 실력은 꾸준함에서 나온다. 작고 단순한 것도 꾸준히 하는 사람이 행복을 얻는다."

엄마는 엊그제부터 왼발 오른발의 자극이 다른지 오른발 새끼 발가락 쪽이 저리고 아파오네. 발바닥도 조금 붓는 느낌이고 화끈거림이 있지만 명현반응이라 생각하며 맨발걷기 100일 도전을 계속하련다. 하루도 빼먹지 않고 100일을 걸으려고 나 자신과 약속했어. 10일간의 긴 추석 연휴 동안 엄마의 머릿속엔 온통 맨발로 걷고 싶다는 생각들로 가득 차 있어. 자매들과의 여행지로 미숭산 자연휴양림을 택해 자작나무 숲길을 걷고, 친정 집 인근 학교 운동장에서 늦은 밤에도, 이른 새벽에도 걸었다. 방금 전에도 비가 내린 후 촉촉이 젖은 학교 운동장을 아빠와 함께 1시간 30분 걷고 들어와서 이 글을 적고 있지. 스스로와의 약속을 잘 지키는 내 자신이 대견해서 칭찬해주고 싶어.

맨발학교에선 100일을 완수하면 자신의 이름으로 자신에게 상장을 주어 칭찬해준단다. 개근상 타는 날 엄마와 아빠를 위해 우리 딸이 미역국 끓여 백일상 차려주면 재미있을 것 같아. 아기도 태어난 지 100일을 맞으면 무사히 잘 자란 것을 대견하게 여기며 잔치를 벌여 이를 축하해주잖아.

흙길 맨발걷기 도전 100일! 성공하는 날 소박한 백일잔치 벌이자. 끝으로 엄마가 걸을 때마다 가장 많이 떠올리는 문장 하나 들려줄게.

"삶이란 두려움을 떨치고 혼자서 자기 속도로 뚜벅뚜벅 걸어가는 것."

선물은
관심과
사랑의 표현

추석 연휴를 앞둔 어느 날 택배가 배달된다는 카톡 알림을 받고 주문한 물건도 없는데 누가 보낸 선물일까 궁금했어. 퇴근길 경비실에 들러 아이스박스 포장된 물건의 보내는 사람을 찾아보니 군복무 중인 네 동생의 이름이 적혀 있더라. 나도 모르게

"어머나! 이게 뭐지?"

말하니 옆에 계시던 경비 아저씨께서

"반가운 사람이 보낸 선물인가 보네요."

말을 건네시더라. 군대 간 아들이 보낸 거라고 말하고 집까지 들고 오는 그 짧은 시간 동안 내용물이 뭘까 설레고 궁금했어. 벤치에 앉아 뜯어볼까 생각까지 했지만 참고 집안에 들어서자마자 허겁지겁 뜯어보니 10개씩 소포장된 곶감이 4개 들어있더라.

그날 저녁 부대에서 걸려온 아들과의 전화통화에서 연유를 물

으니 엄마가 곶감을 좋아한다고 추석 선물로 보냈다네. 다음 달이면 상병 진급해서 월급도 오른다면서 맛있게 먹으라고 하는데 목이 메더라. 어리게만 생각했던 녀석이 어느새 자라 엄마가 좋아하는 것을 기억했다 추석 선물로 보낼 생각을 다하다니 기특하더라. 저녁에 돌아온 아빠에게 곶감 선물 보여드렸더니 "자식, 지가 무슨 돈이 있다고……."하면서 내심 뿌듯해하는 눈치였어. 한 개씩 먹자니까 추석연휴에 아들 휴가 나오면 함께 먹자고 하면서 손도 대지 않았지.

추석날 할아버지, 할머니 산소 성묘 때 곶감을 들고 가 손자가 사온 거라고 말씀드리고 식구들과 한 개씩 나눠먹었지. 군인 월급 얼마 되지도 않는데 추석 선물 챙겨 보냈냐면서 큰아버지, 큰어머니들께서 대견해하셨지. 나도 한 개를 맛보는데 엄마는 곶감보다 선물 보내준 아들의 마음이 더 달콤했어. 나머지는 냉동실에 넣어두고 아들이 휴가 나올 때까지 기다렸다가 함께 나눠 먹었지.

1월에 입대한 아들은 이제 만 9개월을 넘겼네. 그동안 선물을 세 번 보내왔지. 아빠가 많이 지쳐 보인다고 먹고 힘내라고 홍삼엑기스 한 통을 보내오고, 또 한 번은 엄마 주름 방지용이라고 달팽이 화장품 세트를 보내와서 외할머니께 선물로 드렸다. 선물도 선물이지만 일과 마친 후 인터넷 군인몰에 들어가 가족을 생각하며 그 물건을 선택했을 아들의 마음이 감동이다. 입대 전에 부모님께 선물도 제대로 챙기지 못한 게 미안하다고 요것조것 골라 보내주는 그 마음이 참 귀하다.

아들의 귀한 선물 못지않게 엄마는 최근에 너에게서 받은 가방 선물에 감동 받았다. 몇 달 전, 친한 후배 교사의 부탁으로 마이스터고에서 2주 기간제 교사를 경험했었지. 아침 일찍 일어나 출근 준비를 하면서 빨리 시험에 합격해 이렇게 일하러 나갔으면 좋겠다고 하면서 설레했었지. 저녁이면 오늘 아이들과 이런 일이 있었다면서 한껏 상기된 표정으로 조잘조잘대는 네 모습이 아직도 기억난다. 착하고 예쁜 아이들이라고 기뻐하던 네 모습을 지켜보는 엄마 마음도 참 좋았다. 2주의 급여가 통장에 들어온 날, 처음 번 돈으로 엄마에겐 연회색 가방을, 아빠에겐 선크림을 선물했었지. 얼마 되지 않는 돈으로 용돈 쓰기도 빠듯할텐데 선물 사오는 네가 참 고마웠다.

"정식으로 교사 발령받아 월급타면 더 좋은 선물 해 줄게요."

너의 말에 괜히 콧등이 시큰했었다.

곰곰 생각해보니 엄마 아빠는 너희들에게 선물을 받기만 했지, 최근에 너희들을 위해 선물해 본 기억이 없네. 생일이면 선물 사러 갈 시간이 없어서, 마땅히 필요한 물건이 뭔지 몰라서, 어떤 걸 좋아할지 기호를 잘 몰라서 등의 핑계를 대며 현금으로 대신하곤 했더라. 선물이란 상대방을 생각하는 마음의 표현인 것 같아. 금액의 많고 적음이 아니라 이러저러한 마음을 담아 당신에게 이게 필요할 것 같아 선물한다는 마음이 아름답네. 앞으론 편리함과 실용성을 핑계로 봉투에 돈을 담아 선물하는 건 지양해야겠다고 생각했어.

선물 이야기를 꺼내니 이제까지 주변의 사람들에게 받았던 많은 선물들이 생각나네.

수능 시험 치는 딸과 아들의 격려용 선물로 엿과 초콜릿을 보내주셨던 많은 분들, 아들 수능 선물 대신 엄마가 고생했다고 화사한 꽃바구니를 보내주셨던 우 선생님, 작년 임용시험 치러 가면서 목에 두르라고 행운의 빨간색 머플러를 건네주시던 김 선생님, 아들 군대 가기 전에 네 식구 맛있는 밥 먹으라고 많은 돈을 넣어주시던 황 선생님, 엄마가 홍시 좋아한다고 집 마당의 홍시와 고추, 호박을 바구니에 담아주던 박 선생님, 직장 다니면서 예쁘게 하고 다니라고 수면팩을 선물해주던 문 선생님, 둘째 아기를 출산하고 육아휴직 들어가는 날 작은 미역을 선물로 전해주시던 교감 선생님, 책 좋아하는 엄마를 위해 책 선물해주셨던 선배, 직장 다니면서 바쁘다고 반찬 선물을 해 주시던 이웃 아주머니, 해외여행 갈 일이 있어 환전을 부탁했더니 여행 경비에 보태라고 마음 전해주던 제부, 큰 언니의 생일을 빠뜨리지 않고 화장품, 옷을 선물해주는 여동생들, 명절마다 다양한 품목으로 선물해 이번 명절에는 어떤 선물을 주실까 기대하게 하는 손위 동서들, 단팥빵 좋아하는 엄마를 위해 마산에서 유명한 빵집까지 들러 빵을 사다주고 새 차를 구입했다고 포항까지 드라이브하면서 자연산 전복을 맛보게 해주던 아빠의 선배 A, 자두가 맛있다고, 복숭아가 맛있다고 생각나 사왔다는 아빠의 선배 B…….

기억력의 한계로 다 열거하지 못할 만큼 많은 사람들로부터 선물을 받았네. 아니 사랑을 받았네. 물론 엄마도 주변 사람들에게 베풀며 살려고 노력하고 있지만, 앞으로 더 챙기며 살아야겠다고 다짐해본다.

사랑하는 딸아!

너희들은 더치페이가 익숙한 세대라 차를 마시거나 밥을 먹어도 나눠 내는 모습 합리적이라고 볼 수도 있지만 엄마의 정서로 아직은 어색하더라. 가끔은 기분 좋은 이유를 대며 친구들을 위해 마음을 베풀어주렴. 사랑은 받는 것이 아니라 주는 것이라는 유행가 가사처럼 받는 기쁨보다 주는 기쁨이 더 크다는 걸 깨닫게 될 거야. 때로는 나와 인연이 닿아 살아가는 사람들에게 작은 선물이라도 의미를 담아 건네며 사랑 넘치는 사람으로 살았으면 좋겠다. 원만한 인간관계가 행복의 근원이라는 걸 잊지 마.

당신은 오래 추억되는 사람입니다

"문○○ 선생님께서 7월 30일 ○○시에 소천하셨습니다. 아들 문○○ 올림"

뜨거운 태양 아래 붉게 꽃 피워내는 백일홍의 생명력이 숭고하게 느껴지던 7월도 거의 끝나가던 날 오후, 문자 메시지 속의 '소천'이라는 낯선 단어와 함께 선배의 부음을 들었어. 췌장암 4기로 이번 달을 넘기기 힘들다고 하시더니 기어이 가셨구나 싶어 한 순간 먹먹해지더니 순식간에 문 선배를 처음 만나던 순간으로 돌아가 함께 했던 추억들이 파노라마처럼 펼쳐지더구나.

요즘 들어 엄마의 기억력이 감퇴되어 스스로 조기 치매에 걸렸다고 농담하고 있는데, 까마득 잊었다고 생각했던 십 년 전 일들이 어제 일처럼 생생하게 복기되는 이 현상이 얼마나 신기한지…….

엄마가 문 선배를 알게 된 것은 2007년 신설학교의 개교 멤버로 만났으니 올해로 꼭 10년째네. 키 크고 깡마른 체구에 술과 담배를 즐기던 그는 '이 시대 마지막 남은 로맨티스트'라는 별칭을 얻을 만큼 멋진 사람이었어. 말수가 적어 과묵한 편이었으며, 어쩌다 한 마디 던질 때면 시적인 표현들이 참 많았어. 물리과가 아니고 국어과 아니냐고 놀릴 정도로 낭만적인 사람이었지. 계절의 변화에 누구보다 민감해서 목련이 피고, 벚꽃이 날리고, 녹음이 짙고, 단풍이 들고, 눈이 내릴 때면 그 상황에 어울리는 시와 노래를 찾아 전 교직원들에게 내부 메신저를 통해 보내주곤 했었지. 여행하며 사진 찍는 것을 좋아해 아름다운 풍경들을 많이 공유해주셨지. 문득 문득 그때 받았던 시나 노래가 생각나곤 하는데 그 중에 나른한 봄에 보내왔던 김용택 시인의 「봄날」을 다시 찾아 읽으니 더 짠하게 와 닿네.

나 찾다가
텃밭에
흙 묻은 호미만 있거든
예쁜 여자랑 손잡고
섬진강 봄물을 따라
매화꽃 보러 간 줄 알그라.

춤과 음악을 좋아하던 문 선배 부부와 청소년수련원에서 엄마와 아빠가 함께 스포츠댄스를 배웠던 기억도 선명하네. 일주일에 한 번씩 스포츠댄스를 배우면서 파트너를 바꿔 출 때면 열 살 어린 후배인 엄마의 손잡기가 부끄러워 소년처럼 쑥스러워하던 모습도 기억난단다.

사람들을 모아 술 마시기를 즐겨해 온갖 핑계로 모이곤 했었지. 어느 날인가 느티나무 그늘이 좋은 곳이 있다고 하여 동료 네댓 명이 선배 집 인근으로 몰려 간 적이 있었어. 몇 백 년은 된 늙은 느티나무 아래 정자에 모여 밤늦도록 막걸리를 마시며 정담을 나누었었지. 어떤 날은 좋은 그림이 생겼다고 집으로 동료 몇 명을 초대하셨어. 매화가 그려진 작은 그림이었던 걸로 기억되네. 음식 솜씨 좋은 사모님이 묵직한 도자기 그릇에 한 상 가득 수육과 전 등 안주거리를 차려주셨고, 술잔을 기울이는 중간 중간 사모님이 수놓은 자수 작품들을 은근슬쩍 자랑하는 애처가셨지. 새벽 수영도 함께 다닐 정도로 금슬이 유난히 좋은 부부였어.

엄마는 선배 집 방문 때 매화 그림보다 가족사진이 더 인상적이었어. 청바지에 하얀 셔츠를 입은 네 가족이 다정하게 웃고 있는 가족사진을 보며 우리 집도 저런 사진 하나 걸어둬야겠다고 생각했단다. 그런데 그 가족사진 속 모습을 영정사진으로 사용했더구나. 어쩌면 가족이 행복했던 순간의 모습이니 영정사진으로 쓰기 가장 적합한 사진이었겠다 싶기도 해.

몇 년 전 부부가 함께 명예퇴직하여 선배의 장례식장이 썰렁할 것 같다고 생각하며 장례식장에 갔는데 정말 기우더구나. 두 번 장례식장을 찾았는데 함께 근무했던 많은 사람들이 선배의 이른 죽음을 안타까워하며 술잔을 기울이고 있었어.

장례식장 하얀 벽면에 선배의 사진을 슬라이드 영상으로 비춰주는 것이 참 인상적이었어. 한 사람이 살다 간 흔적을 그가 떠나는 마지막 순간에 파노라마처럼 보여주니 그 시기를 기억하는 사람들은 저마다의 감성으로 추억을 곱씹게 되더라. 호스피스 병동에 머물 때 찍었던 사진들로 「곤지둑의 야생화 사진전」을 열었었나봐. 병원 관계자들이 만들어준 앨범 속에는 선배가 생전에 찍은 야생화 사진들이 있었어. 한 장 한 장 넘겨보니 각양각색의 고운 꽃들이 찍혀 있더구나. 마지막 장에 시든 모란의 모습이 보이는데 죽음을 앞둔 선배 자신의 모습을 투영한 건 아닐까 마음이 짠하더라.

문 선배가 떠난 지 벌써 한 달이 지났어.

주말 아침 지인에게 카카오톡을 보내려다 실수로 문 선배를 눌러 그의 카카오스토리에 들어가 보았지. '곤지둑'이라는 대화명이 눈에 확 들어오네. 투병 전인 2016년 10월 20일 김해분청도자기 축제를 다녀온 사진들이 많이 올라 있더구나. 선배의 사진 속 하늘은 눈이 부시도록 맑았고, 도자기 작품을 찍어놓은 손길도 여전히 섬세하네. 함께 명예 퇴직한 어여쁜 사모님과 일주일은 대구에서 보내고 일주일은 다른 도시에서 여행한다던 그 무렵에 올린 글들이 올라있어 한참을 읽고 또 읽었어. 이 무렵 선배는 옛것에 빠져 있었는지 도자기 이외에도 소줏고리의 증류 원리, 전통가옥의 빗장, 딱지본 책, 보자기 등 아름다운 우리 선조들의 공예품에 대한 글들이 가득 올라있구나.

이제는 사라지고 없어진 옛것들에 대한 기억과 그리움, 꽃무릇 사진 위에 '임을 향한 애절한 그리움이 핏빛으로 멍들어 핀 꽃'이라고 적어놓은 시적 감성도 여전하네. 누른 국수와 반고개 무침회를 좋아했다는 선배의 글을 읽으며 생전 그가 좋아했던 무침회에 소주 한 잔 기울이고 싶어지네.

문득 카카오스토리 대화명인 '곤지둑'이 뭘까 궁금증이 생겼어. 호스피스 병동에서 열었다던 「곤지둑의 야생화 사진전」에도 있었으니 혹시 선배의 호인가 생각하며 포털 사이트에서 검색해보았어.

곤지둑 전경

「원덕골 달빛호숫가 곤지둑 아래 나리네」라는 블로그로 연결되어 혹시나 하는 마음에 들어갔는데 상단에 적힌 문구를 보니 바로 선배의 블로그였어.

"나리네는 안지랑골 마을빨래터 아래 두 번째 집에서 원덕골 달빛호숫가 곤지둑 아래 롯데닭장집으로 이사하였습니다."

우리말글 쓰기를 좋아하던 사람이니 롯데캐슬 아파트도 롯데닭장집이라고 표현했네. 이 문장에도 있는 곤지둑에 대한 의문은 선배가 올려놓은 한 장의 사진 속에 답이 있더라.

또한 원덕마을 유래도 담겨 있네.

이 곳 원덕마을은 예로부터 복사꽃 향기가 온 마을에 가득하고 산 좋고 물 맑아 무릉도원과 같다하여 도원동이라 불리웠다.

지금부터 500여 년 전 청룡산 자락 배산임수에 터를 잡아 성산 전씨, 동래 정씨, 김해 김씨, 담양 전씨, 협천 이씨 등 60여 호가 오순도순 정담을 나누며 면면히 맥을 이어온 곳이다. 특히, 현 위치는 곤지둑이라 불리웠으며 마을 주민의 애환이 서려 있는 곳이다. 이곳은 온 마을 주민들의 포근한 휴식처이자, 대화와 화합의 장으로 자리잡아왔다. 이토록 정겨운 마을이 도시화의 물결에 밀려 이제 그 모습이 사라져 감을 애석하게 생각하여 원덕마을 주민이 뜻을 함께 모아 여기 조그마한 표석을 놓는다.

2008년 5월

원덕마을 주민 일동

곤지둑! 뒤늦게 알고 보니 10여 년 전 선배와 함께 막걸리잔을 기울였던 아름드리 느티나무 아래가 바로 곤지둑이었어. 주민들의 포근한 휴식처이자 대화와 화합의 장이었던 곤지둑의 이름을 유난히 좋아하고 즐겨 사용했었나봐. 선배의 생전 모습이 남아 있을까 해서 블로그 여기저기를 돌아다녀 보아도 아쉽게도 사진은 없네.

가을이 되니 엄마의 소녀 감성이 터진다고 우리 딸이 놀리겠지? 가을 탄다고 핑계대면서 마지막으로 선배의 블로그에 있는 사진

'달과 국화'

보름달 아래
달빛 담은 하얀 얼굴의 구절초
손 흔들며 스치는 바람을 잡는디

하나만 더 소개할게. 낡은 찬장 문짝에 단짝이었던 미술 선생님이 그려준 그림과 선배가 써놓은 글귀가 참 잘 어울리네.

짧은 생, 꽃처럼 바람처럼 살다간 선배. 두 손 꼬옥 잡고 익어가는 가을처럼 말없이 늙어가자던 선배를 잃은 사모님이 얼마나 허전하실까 싶어 위로의 문자를 보내드렸더니 요렇게 답장이 왔네.

'월하연가'

가을 초승달이 시리도록 푸르다
익어가는 가을처럼 늙어가는 부부는 말이 없다
그 무슨 말이 필요한가
두 손 꼬옥 잡고 마주 보면 그게 사랑인 것을

"우리 남편 쉬 잊지 않아 줘서 고맙습니다. 구석구석 남편과의 추억이 묻어나올 때는 한바탕 울고 나면 또 괜찮아지네요. 즐거운 나날 보내세요."

곤지둑 선배! 당신은 기억되는 사람이 아니라 오래 추억되는 사람입니다.

엄마의 마음편지

초판 인쇄 2017년 11월 6일
초판 발행 2017년 11월 10일

엮은이 / 김 경 순
펴낸이 / 박 진 환

펴낸 곳 / 만인사
출판등록 / 1996년 4월 20일 제03-01-306호
주소 / 41960 대구광역시 중구 명륜로 116
전화 / (053)422-0550
팩스 / (053)426-9543
전자우편 / maninsa@hanmail.net
홈페이지 / www.maninsa.co.kr

ISBN 978-89-6349-108-0 03810

값 13,000원

* 이 도서의 국립중앙도서관 출판시도서목록(CIP)은 서지정보유통지원시스템 홈페이지(http://seoji.nl.go.kr)와 국가자료공동목록시스템(http://www.nl.go.kr/kolisnet)에서 이용하실 수 있습니다(CIP제어번호 : CIP2017029010).